EN LA SALA DE ESPERA

ExLibric

JOSÉ MARÍA RIVERA CÍVICO

EN LA SALA DE ESPERA

EXLIBRIC

ANTEQUERA 2023

JOSÉ MARÍA RIVERA CÍVICO

EN LA SALA DE ESPERA

A mi mujer, afán, desprendimiento y faro.
A mi hija, regalo sonsacado al destino.
A mis nietos, Lucas y Daniel, vitalidad e inocencia.
A mis padres, por tanto, por todo.

Índice

Agradecimientos

A mis compañeros «sufridores» Juan José y Manolo, por haber sido cómplices necesarios en el desarrollo de esta historia.

A todo el personal de la sala de radioterapia del hospital Carlos Haya de Málaga, por su competencia, su profesionalidad y su agrado.

A mi urólogo, Emilio Manuel, por su disposición y su excelente quehacer.

A mi amigo de siempre, Frasqui de Blas, por su fe mantenida en mi talento, por su ánimo y empuje constante y por su tarea de corrector, estricto con la gramática e indulgente con el gramático.

Prólogo

Lo que viene a continuación es un libro escrito con humor y sin pudor. No os encontraréis ante una novela ni un ensayo científico sobre la enfermedad o el cáncer, sino ante la visión de un médico que, desde la perspectiva del paciente, intenta desdramatizar la enfermedad con curiosidad científica y una muy buena dosis de optimismo.

El autor, después de casi cuatro décadas desarrollando su brillante actividad médica, se sitúa en la sala de espera como un paciente más para recibir tratamiento de un cáncer de próstata. Y dada su tendencia natural a contarlo todo, aprovecha la situación para ofrecernos un relato que salta desde dicha sala —hilo conductor del mismo— hasta el cortijo, el pueblo, el seminario o el hospital. Y de resultas nace este libro entrañable, intimista y emotivo escrito a corazón abierto, como a él le gusta, como es él.

Estamos ante un jubilado que ha practicado —y lo sigue haciendo para sus cercanos— la medicina de rostro humano, en la que van de la mano calidad científica y calidez humana. Sé de lo que hablo. Aunque amigos desde los años de facultad y, por ende, parcial en mis apreciaciones, conservo pruebas más que suficientes, como colega y paciente suyo —que también he sido—, acerca de la pericia médica y la bondad de este hombre que hoy nos ocupa.

No hay pudor en este libro. Ni en lo erótico ni en lo prosaico. En este sentido, ni siquiera los curas —sus curas— pudieron pulirlo. Hay bastante prudencia, sin embargo, en sus reflexiones acerca de la ética social y de la política. Y un sentido y verdadero afán de concordia. Así lo creo. Y hay humor, desde luego, mucho humor. Un cachondo mental. La culpa es del tifus que padeció de niño. Eso decía su madre.

Ciñéndonos ahora al libro en sí, enseguida nos atrapa en su estilo directo, sencillo y desenfadado. Y acierta al distraernos de la crudeza del cáncer con una suerte de momentos autobiográficos ciertamente tiernos o con unas reflexiones muy personales sobre cuestiones sociales, políticas o de índole ética. Destacan, entre ellos, su condición de maltrabaja, que descomponía a su padre; el orgullo por su cuna humilde, por su familia; la reciente e inesperada pasión por el golf; la admiración por todo el personal sanitario a cuenta de la pandemia; la devoción por sus amigos; su rechazo a tanta desigualdad social; su apuesta por la concordia y la armonía entre contrarios frente a la confrontación; su simpatía podemita; su ateísmo, tan edulcorado, tan teísta que nos parece de mentirijilla… Y su vocación de médico entregado, a la antigua usanza.

El hilo conductor del libro pretende centrarse en los momentos de convivencia efímera, pero repetitiva, con los compañeros de fatigas, principalmente con aquellos que más ha conectado el autor, Juan José y Manolo, gente sencilla de pueblo. Y nos relata anécdotas curiosas, pero también historias, unas entrañables, otras más agrias y otras, en fin, que invitan a la piedad. Tampoco faltan momentos de lirismo cuando el autor se transfigura en la contemplación poética de los distintos paisajes del Torcal y de los montes de Málaga. Y alcanza un grado de emoción incontenible en algunos pasajes con su padre, con su hermana Josefa y, sobre todo, con su malograda paciente Yolanda.

En definitiva, con *En la sala de espera* vamos a disfrutar de un relato ameno y entretenido con la chispa y el sello propios de José María. El mensaje implícito a su lectura tiene mucho que ver con la visión optimista y esperanzadora que este hombre ha ofrecido siempre —al menos de puertas afuera— a sus pacientes y a todos los que somos sus cercanos. Sería de desear que este mensaje pudiera llegar y calar en la gente que se encuentre en trance similar.

Por mi parte, estoy convencido de que la lectura de este libro va a arrancarnos a todos muchas sonrisas, alguna carcajada y, quizás, alguna que otra lagrimita.

Antonio Pintor Álvarez
Córdoba, diciembre de 2022

Me presento

Hasta que ingresé en el seminario, con once años para doce, fui un niño pueblerino, un cateto de pueblo. Sin casa propia y con hogares ambulantes, fui criado por la tribu de antes: mis padres, mi abuela Josefa, mis tías carnales Bibi, Carmen y Conce, la Ronca, la chacha Chiquita y mi abuelo Manolo; siempre, además, con el entrometimiento de una tía de mi madre, la chacha Gregoria. Completaban la intendencia mis padrinos, José María y Francisca, la Chorro, propietarios de una de las tabernas más frecuentadas del pueblo. Taberna donde uno podía picotear panetes de boquerones fritos o filetitos de lomo, bocados impensables en la casa de mi abuela. Taberna que en tantas ocasiones proporcionó a mis padres empujones dadivosos para salir de los apuros propios de una casa con seis criaturitas del Señor.

Por entonces, yo era un chavea desastrado, muy poco cívico, digámoslo así. No solo no me importó, sino que llevaba a gala el apodo que mis amigos del convento me pusieron con todo merecimiento: José María Peos. Sobran las explicaciones. Fui, no obstante mi rusticidad, un buen escolar. Aunque poseído por la calle y el río, los juegos infantiles y las travesuras con mi amigo Agundo —el mejor espadachín del pueblo—, me aplicaba la mar de bien en las tareas escolares, tanto que merecí la atención de mis maestros, don Luis y don José, y que a petición machacona de mi abuela, el cura, don Juan González, me acogió en su camarilla de monaguillos. Y de ahí no me resultó complicado saltar al seminario. Durante esta etapa de mi vida solo visité en dos ocasiones

La Capilla, el cortijo donde mi familia viviría después durante los siguientes treinta años y donde yo pasaría —trabajando— todos los periodos vacacionales.

El seminario me pulió, qué duda cabe, pero le costó. No fue la cosa así como así. No era yo un cateto cualquiera. Nunca, hasta entonces, había conocido una ducha; en la casa de mi abuela nos escamondaban en palanganas y lebrillos. Nunca había manejado el cubierto para comer, lo hacía con los dedos o con un pincho de rama de olivo que me preparaba mi padre. Ni, por supuesto, sabía usar la servilleta: en mi casa usábamos una única *ruílla* para todos. Un espécimen digno de estudio, eso era yo por entonces. Un diamante en bruto, me decía don Eduardo. Pero muy en bruto.

Nueve cursos consecutivos, desde primero de bachiller a segundo curso de Teología; nueve años, desde 1964 a 1973, dieron de sí para mucho. Entre otras cosas, para pasar de niño a hombre en un entorno de disciplina, exigencia, camaradería a la vez que formación académica y espiritual. Proviniendo de una familia humilde en un tiempo tan austero en oportunidades para los hijos del campo, siempre me he sentido un privilegiado, un tocado por la fortuna, un escogido por el destino de entre tantos chaveas pobres de mi pueblo para hacer algo diferente. Y estoy convencido de que soy quien hoy soy gracias al seminario. En la balanza final, he perdido años de adolescencia y de primera juventud fuera de mi pueblo, incluso desapegado de mi gente, pero a cambio he ganado un valioso patrimonio de amigos de por vida, una educación y una formación que hubiesen resultado del todo impensables de no haber sido por el seminario. Al final, me he hecho ateo. Circunstancias de la vida. Pero jamás renegaré de mi pasado lego.

Y me hice médico. Y acerté de lleno. Abandoné el seminario con veinte años. Fue una decisión dura y arriesgada. Todo el mundo me veía de cura, menos yo. En ese tiempo, creí honestamente que podría ser de más utilidad a la sociedad siendo médico. Cierto que se cruzó en mi vida de entonces una muchacha que me encandiló: mi mujer. Y aquel enamoramiento resultó definitivo. Años atrás había tonteado con la Grego, una amiga de mi pandilla, pero el flechazo que sentí por aquella otra muchachita fue fulminante, mortal de necesidad.

He sido un hombre feliz en mi profesión y en mi casa. Acerté de lleno en el oficio elegido y en la mujer que me eligió. Mi desempeño de médico durante treinta y siete años ha sido motivo de satisfacción, de orgullo diría yo. Siempre trabajando en lo público, he sido un defensor comprometido de una sanidad universal, de calidad y pública. Desde luego que no hago menosprecio de la medicina privada, ni muchísimo menos; creo que hay usuarios para ambos campos. Pero sí creo que debieran ser instituciones separadas, por cuanto entiendo honestamente que en lo público debe primar el servicio sin cabida para el negocio.

Habituado durante años a pasear la bandera victoriosa de mi competencia, mi buen hacer y mi compromiso contra la enfermedad, hubo un tiempo de mi vida médica en que llegué a creerme un superhéroe, inmune a cualquier tipo de mal. Tal era mi empoderamiento. ¡Necio de mí! ¡Necio todo aquel que quiera ser como Dios! Mi arritmia cardiaca, primero, a mis cincuenta y ocho años y la muerte tan cruel de mi paciente Yolanda, luego, a mis sesenta y tres me castigaron con un merecido baño de realidad, dando al traste con mi soberbio endiosamiento. Para colmo, ahora de jubilado se me presenta este «dichoso» cáncer de próstata. ¿No querías caldo? Pues ahí tienes dos tazas.

Echando la vista atrás, creo que nunca he abandonado del todo a ninguno de mis tres yoes: el cateto, el seminarista y el médico.

Sigo teniendo mi parte de cada uno de ellos. Desde luego, mi yo médico me acompaña a diario, no me deja descansar ni un solo día. Y a mucha honra, siempre que me deje un huequito para el golf.

La cuestión prostática

Llegados a una edad, pocos hombres se ven libres de la tediosa próstata. A partir de los cincuenta, dos de cada tres presentarán síntomas relacionados con la hipertrofia benigna de dicha glándula (dificultad para iniciar la micción, chorro flojo y entrecortado y levantarse de noche varias veces a orinar), y tres de cada diez desarrollarán, a lo largo de los siguientes años, un cáncer de próstata, diagnosticado u oculto. Por fortuna, muchos de esos cánceres llevan una evolución tan lenta y prolongada que ancianos muy longevos acaban muriendo de cualquier otra cosa, pero con su cáncer de próstata como compañero fiel e inocente. Mueren con su cáncer, pero no por su culpa. Todos tenemos amigos y conocidos curados de un cáncer de próstata. Otros, sin embargo, no son tan benévolos. Hay cánceres de próstata malignos de verdad, de esos que en poco tiempo pueden llevarte al crematorio.

Yo mismo soy portador de un cáncer de próstata conocido desde hace unos meses. Según me han explicado mis médicos, el tumor se encuentra en un estadio muy precoz y no posee ningún dato histológico de agresividad. De manera que, de entre las propuestas terapéuticas que me presentaron, he escogido tratarme con radioterapia.

«Tú sabrás, tú eres médico», me dicen mis amigos. Cierto, pero la cuestión es que creo haber sido un buen médico para los demás, pero no para mí. *Medice, cura te ipsum.* Demasiado aprehensivo, demasiado miedoso. He adolecido siempre de una actitud positiva para mí mismo. Mi madre lo achacaba al tifus que padecí a mis tres años. Todas mis flaquezas eran debidas al tifus. ¡La pobre! «Mi José María es que tiene *mu* poca presencia de ánimo».

La vigilancia activa, la alternativa más tentadora que me ofrece mi urólogo, no me convence, porque se trataría de no hacer nada curativo, sino simplemente revisarme cada seis u ocho meses con analítica y biopsias sucesivas hasta comprobar, si llegara el caso, una histología tumoral menos favorable. Me parece que es posponer un problema para más adelante.

En cuanto a la cirugía, se trata de una intervención mayor, una prostatectomía radical se llama en el argot médico, que, por lo pronto, es demasiado abrasiva para lo que tengo, muy sangrante, con bastantes posibilidades de necesidad de autotransfusiones y con una incidencia nada despreciable de complicaciones posteriores, tales como la disfunción eréctil o la incontinencia urinaria. No es que a estas alturas —o mejor, bajuras— me importe mucho la pérdida del antiguo vigor viril, y mucho menos que a mí, a mi mujer. Pero sí me fastidiaría un montón ser incontinente, y mucho más a mi mujer.

Por el contrario, en el estadio de mi tumor la radioterapia ofrece unos resultados terapéuticos en todo similares a la cirugía y, aunque no esté libre de algunas «cosillas», es mucho menos traumática para un cuerpo con una edad. En términos técnicos, la radioterapia no es otra cosa que la aplicación de rayos X a altas dosis para el tratamiento curativo o paliativo de determinado tipo de cánceres. Pues eso.

Desde el principio, he llevado con inesperada gallardía todo este asunto. Veo a mi familia y a mis amigos más preocupados que yo, porque la palabra *cáncer* sigue marcando estigma. No es que, de pronto, me haya vuelto valiente, no. Soy un cagado.

Ya lo demostré bien a las claras hace un tiempo cuando padecí repetidas crisis de una arritmia insufrible. Viví durante dos años larguísimos en permanente estado de angustia vital. No era yo. Incluso llegué a comprender —y me duele mucho reconocerlo ahora— a la gente que se suicida. Aquello pasó, a Dios gracias.

Creo que de haber tenido el cáncer en cualquier otra localización, estaría acojonadito vivo. Ni recordar quiero las caritas de difunto en vida que se les pusieron en su día a Antonio Lara, Manolo Estepa o, más recientemente, al cura de mi pueblo, Lorencito, amigos míos entrañables y muy queridos, que ya nos esperan en el limbo de los justos o dondequiera que sea. Pero he visto a lo largo de mi vida médica tantos cánceres de próstata con comportamiento benigno que me tranquiliza. Recuerdo las veces que a determinados pacientes les decía que, de contraer un cáncer, fuese el de próstata.

Estoy contento de saberme capaz de aceptar con naturalidad esta contrariedad. Será la edad. Siempre he sabido que en un futuro muy lejano llegarían los temidos achaques. Y resulta que ese futuro tan lejano es hoy, es mañana, es el presente. No es cierto que el futuro no exista: el futuro ha llegado. Creo que lo mío de ahora no es resignación, es aceptación razonada de una realidad que se impone. Y me reconforta meditar sobre ello.

He gozado de una habilidad portentosa para magnetizar a mis pacientes con mi optimismo, incluso en situaciones límite, en circunstancias dramáticas. A Matilde, Jerónimo, Sergio, Yolanda…, pacientes míos malogrados pese a mi obstinada dedicación, se les iluminaban sus caras cuando yo entraba en sus habitaciones canturreándoles o bromeándoles. Sabía transmitirles no solo ilusión y alegría, también esperanza. Y lo hacía de puta madre. Sin embargo, he sido incapaz de impregnarme a mí mismo de ese espíritu de superación, de actitud positiva. He sido un negado conmigo mismo. Pero ahora lo tengo asumido: entro tranquilo y sereno —y positivo— en el club de personas mayores cancerosas, pero también deseoso de abandonarlo. La verdad por delante.

Conozco muy bien las salas de espera médicas, tantas como hospitales donde he trabajado. Mis últimos cinco o seis años de oficio en Valme han transcurrido en una consulta externa hospitalaria. Pero siempre —salvo en muy contadas ocasiones— he vivido el tema desde dentro, jugando en casa y con la afición volcada, como quien dice. Esta vez, no. En esta ocasión, soy un jugador desconocido, un novato, un recién fichado que sale del banquillo para jugar un duro partido en campo contrario.

Han sido veinte sesiones consecutivas de radioterapia, veinte días hábiles, descansando los festivos. Ha habido de todo: un comienzo de lo más llevadero, terreno llano, pedaleo facilón, sin síntoma alguno; una fase pico, entre los días 12-16, de muy fuerte pendiente, corona pequeña y piñón grande, con molestias tan penosas que invitaban al abandono; y, por fin, las últimas cuatro sesiones, días de bajada, de descenso, de ansia por la proximidad de la meta.

Ya he terminado. Siempre había considerado las salas de espera médicas como sitios de aparcamiento necesario y aburrido para aguantar el tiempo hasta la llegada de tu vez. Ahora, sin embargo, he encontrado una dimensión en ellas totalmente insospechada: son, en verdad, salas de esperanza.

Y me dispongo a contar mi experiencia en estas jornadas tan especiales para mí, salpimentándolo todo con pasajes curiosos de mi vida y con mis sentires —más que mis pensares— acerca de cosas tan cercanas a todos como son la filosofía, la ética o, cómo no, la política. O a lo mejor es al revés, que aprovecho la excusa de esta circunstancia de mi enfermedad para reflexionar sobre cosas sabrosas de mi vida, como si los rayos curativos, no contentos solo con quemar mi próstata, hubiesen activado circuitos oxidados de mi memoria. Sea como fuere, espero que la lectura de este libro deje al lector con un buen sabor de boca. Es lo mínimo.

Un jubilado golfista

No he mostrado prisa en ningún momento. Conocedor, como he dicho, de la historia natural de este tumor, había supuesto —y así se lo hice saber a mis cercanos— que me llamarían pasado el verano. Mi urólogo, don Emilio Enmanuel, había cursado la solicitud al servicio de radioterapia del Carlos Haya a mediados de julio y mis amigos se extrañaban de mi aparente pasotismo por no intentar usar mis influencias para colarme. «Pero, hombre, llama por lo menos, para que sepan quién eres… Siempre buscarán un hueco para alguien del gremio, ¿no?».

Nos ponemos nerviosos y angustiados cuando algún pariente o amigo tiene un cáncer y pasan los días sin tratamiento. Cuando mi hermana Josefa padeció el suyo, de ovario, hubo de aguardar un mes, por protocolo, después de la intervención para poder recibir los primeros ciclos de quimio. ¡Qué lentitud de días! Nos parecían una eternidad. Claro, porque sabíamos que aquello venía con muy mala leche. No es mi caso, yo tenía asumido que solo me preocuparía si después del verano no hubiese recibido noticia alguna. Es más, en el fondo esa era mi opción preferida, que me dejasen tranquilo disfrutando de mis vacaciones en el pueblo.

A finales de mayo nos trasladamos al pueblo con la intención de pasar allí todo el verano. Hicimos, como quien dice, media mudanza, con la idea de disponer en ambas casas, la de Antequera y la de Palenciana, de todo lo necesario para lo cotidiano sin necesidad de estar dando viajes de un lado para otro cada dos por tres. De manera que la intendencia de otoño-invierno se quedaba en la casa de Antequera, y la de primavera-verano se trasladaba al pueblo. Esa estrategia la hemos copiado mi mujer y yo de nuestros amigos cordobeses Pilar y Fraski, que hacen lo propio entre su casa de Córdoba y la de la parcela en la zona de «puesta en riego».

Los veranos en Palenciana son muy agradables y tranquilos. Mi mujer disfruta, como marrana en un charco, teniendo a mano a su hermana Conchi y a su prima Ani, igual de inquietas y activas que ella, y a su hermano Antonio, el manitas casero que yo nunca he podido ser. Se apuntan a todo: al gimnasio, al *aquagym*, al senderismo de madrugada por viejos cortijos arrumbados, al taller de bolillos, al de fotografía… Y en los días de vacaciones de su otra hermana, Miki, nuestra casa se convierte en el cuartel general de toda la familia Villalba, perros incluidos. El escenario se completa en agosto con el concurso siempre esperado de mi hija, mi yerno y mis nietos.

Por mi parte, mucho más sosegado, yo me solazo en la lectura, la escribanía en mi blog, la piscina municipal —un verdadero lujo— y… el golf. ¿El golf? Bueno, pues sí, el golf. Mi idilio con este entretenimiento es bastante antiguo, aunque lo haya ejecutado de una manera muy rudimentaria, muy campestre. Si, por un casual, estimásemos oportuno imputar a los «culpables» de esta afición inesperada, no tendría ningún inconveniente en señalar a mis amigos Cristóbal Carlos Rodríguez y Encarnita Jiménez, su mujer. Ambos, recién llegados a Sevilla por los años ochenta del pasado siglo, eran entonces unos iniciáticos en el campo de golf de Montequinto. Un buen día de abril nos invitaron a mi señora y a mí a visitar el campo y almorzar con ellos en el restaurante. Yo quedé prendado, como se dice en mi pueblo. Nunca, hasta entonces, había visto un horizontal de verdor infinito. Allí fácilmente tendrían cabida veinte campos de fútbol de medidas reglamentarias. Carlos me apañó un viejo hierro del 9 y unas bolas de plástico fenestradas —para evitar que cogieran velocidad—, y yo ensayaba cada tarde en el jardín de mi casa, en Valencina de la Concepción. Enseguida se me quedó pequeño el invento y compré bolas de verdad. Un peligro. Tuve que dejarlo. Las bolas salían disparadas como misiles. Atravesaban los setos del jardín, cruzaban la calle y se colaban, a velocidad de la luz, en los patios vecinos. Los perros de Wiki, mi vecina de enfrente, escarmentados por disparos certeros previos, se metían en sus casetas nada más oler mi presencia en mi patio. A mi vecino de al lado, Gabriel, el torero, le destrocé un lebrillo de los antiguos y un ánfora, herencia de su abuela. Benjumea, otro buen vecino, aficionado a los paseos vespertinos por nuestra calle, me alertó del peligro de mis «bolas» para él mismo y para el grupo de ancianos de una residencia algo más arriba de mi casa… Tuve que dejarlo.

Tan atenta a mis gustos y mis necesidades, mi mujer, por San José del año siguiente, me sorprendió con un regalo completamente inesperado: la inscripción en el club de golf del Zaudín (mucho más cercano de nuestra casa) y un equipo completo de golf, con su bolsa y su juego de palos. Me costó un gran disgusto porque, conociéndome lo vicioso que puedo llegar a ser, sabía que ese regalo me engancharía sin remedio y me distraería más de lo razonable en mis estudios y en mi preparación médica de por las tardes. Rehusé la inscripción y casi aparqué los palos. Mataba el gusanillo en el monte del Realengo durante las vacaciones en mi pueblo, en algunas de las dehesas extremeñas en los viajes con los amigos o en el jardín asilvestrado que Antonio Pintor y

Victoria poseen en El Arrecife. La bendita jubilación, con todos los dones que nos proporciona a edad tan conveniente, ha sabido avivar y alimentar aquellas ascuas latentes cubiertas durante años con la ceniza de la prudencia y la prevención.

Mi abuelo Manolo, en mi palangana bautismal, pronosticó delante de los presentes que yo llegaría a ser maestro molino, el más elevado oficio al que podía aspirar el hijo de un jornalero. Ni siquiera él, un visionario, una especie de oráculo pueblerino, pudo alcanzar a ver el noble destino que la Providencia me tenía preparado. Su vida, generosa, le permitió verme de médico diletante, pero hubiese sido excesivo que se enterase de la afición tardía de su primer nieto varón a una cosa tan rara y extravagante: el golf. Yo mismo.

Nadie de entre mis familiares, amigos o conocidos podría haberse nunca imaginado tal cosa. Aun con mi mal pataje de siempre y mis pobres hechuras, han ido aceptando, por imperativo de la evidencia, mi desconcertante —para ellos— talento en el fútbol, a lo primero, o en el tenis, ya en la madurez. Pero ¿el golf...? Y mucho menos siendo yo un hombre podemita, un yayo flauta. Pero lo que son las cosas, aquí estoy, enviciado con el golf a mis setenta años.

Habrá quien considere que el golf no es un deporte al uso. Y no le quito razón. Lo veo más como afición, como actividad de ocio, que como deporte. Es cierto que comparte elementos importantes con cualquier deporte, tales como el ejercicio físico o la práctica al aire libre, pero le falta algo decisivo en mi concepción del deporte: la competición con el otro, contra otros. En el golf, tu contrincante eres tú mismo. Y nunca acabas satisfecho del todo. Recuerdo que en el fútbol o en el tenis unas veces pierdes y te cabreas, pero cuando ganas es el culmen, lo más de lo más en satisfacción y hasta con su poquito de recochineo con el contrario. No ocurre lo mismo en el golf. Si tienes una mala tarde —cosa habitual—, lo pasas mal y te frustras un montón. Y si un día te sale todo y la dichosa bolita obedece tus deseos, te sientes muy hinchado por dentro, sí, pero no le has ganado a nadie sino a ti mismo. Y eso no produce tanta adrenalina como cuando le ganas a otro. En cualquier caso, solo porque esta afición te engancha para andar y respirar en plena naturaleza valdrá la pena padecerla y disfrutarla.

Para el gran público, objetor y escéptico, el golf arrastra desde sus inicios en el tiempo un estigma de deporte de ricos y de pijos. Ha sido así, al igual que en su día lo fue el tenis. Lo que yo veo en la actualidad en mi campo es un grupo numeroso y variopinto de ingleses españolizados residentes en Mollina, Alameda o la misma Antequera, y gente corriente de aquí, pero es verdad que con cierto nivelito: pequeños autónomos, maestros, enfermeras, médicos… Y algo muy agradable y sorpresivo: muchas mujeres que juegan en pequeños grupos y, por lo que yo veo, se lo pasan mucho mejor que los hombres, siempre refunfuñones con la dichosa competitividad.

Pocos campos de golf como el mío de Antequera. Aquellos otros que he podido disfrutar en directo (en Córdoba, San Sebastián, Almería o Tenerife) o los que salen en la tele me parecen amplios y elegantes jardines afrancesados en urbanizaciones de cierto postín. Los verdes son excesivos de tan requetebién mimados. Todo en ellos resulta artificioso, se ve la mano del hombre por doquier, una naturaleza impostada, en demasía domesticada, en medio de un entorno muy civilizado. El de Antequera, no. A mí me parece único. Engastado en pleno monte y lejos de la jauría humana —apenas cuatro chalés salpicados—, consigue adentrarnos en un espacio grandioso muy parecido a lo natural, con la sierra del Torcal en el flanco sur, y la ciudad y la vega infinita en el norte. Y campo montaraz por todos los costados. Las distintas calles, luengas y onduladas casi alcanzan a mimetizar el verde natural del monte virgen y están flanqueadas por hileras irregulares de olivos; las zonas de penalización son herrizas o pequeñas colinas de algarrobos, matorral bajo, madroños y chaparreras. Aquí y allá, se han dejado intactas pequeñas islas de monte de encinas que interrumpen de una forma irregular y asimétrica la continuidad de las calles. Esparcidos por doquier, pinos piñoneros, almendros, cerezos, manzanos y membrillos asilvestrados componen, en la primavera, una atractiva sinfonía de blancos y verdes la mar de vistosos. Un arroyuelo, abrevadero predilecto de jabalíes, discurre sinuoso y paralelo al recorrido del hoyo quince, desde cuya salida podemos admirar en lo alto la majestuosidad y belleza del Hotel Convento de la Magdalena. Los numerosos lagos —estos artificiales— se rodean de un soto vegetal exuberante y espléndido, donde viven tan ricamente varias familias de patos.

Mi amigo Diego —a quien he arrimado a mi ascua— y yo lo pasamos tan bien y disfrutamos tanto jugando en el campo, o simplemente entrenando en el hoyo de principiantes, que, en ocasiones, nos planteamos la ética de tanto disfrute para tan poca gente.

Antes de que Diego y yo nos apuntáramos a las clases oficiales de golf, practicábamos en los descampados solitarios del Nacimiento de la Villa o en los del parque Atalaya. En ese tiempo descubrimos por pura casualidad una entrada «secreta» al campo «de verdad», un boquete amplio que nos metía directamente en el hoyo cinco, el más largo de todos. Y durante una semana nos colamos a diario como furtivos sobre las ocho de la tarde, a sabiendas de que nadie nos vería a esa hora. ¡Qué gozada! De pegar bolazos entre las piedras a practicar en una alfombra natural, y sin miedo de darle un bolillazo a cualquier lugareño buscando espárragos.

A mis tantos años y con mi buen nombre, probando ahora sensaciones y gamberradas que nunca me había atrevido a hacer de joven. En el seminario de San Pelagio, en Córdoba, desaproveché un montón de ocasiones de transgredir las normas, porque yo era —pajillas aparte— un seminarista «ejemplar», el espejo donde los curas hubiesen querido que se mirasen mis compañeros. Jamás salté las tapias de la huerta en la anochecida para irme con mis amigos a «ligar» por ahí. Mis paseos por la ciudad eran los reglamentarios: disfrutar del Patio de los Naranjos y de la Mezquita; subir a las Tendillas por la calle Céspedes, evitar siempre siempre las calles de Cardenal González y Feria, ir de visita a la casa de mi chacha Josefa en la Comandancia de la Guardia Civil y ver alguna película «permitida» los domingos por la tarde. Una sola vez, creo recordar, me levanté de madrugada con mis amigos para «robar» filetes de ternera del comedor de los curas, asarlos en un infiernillo y comérnoslos la mar de a gustito con nuestra copita de tinto y todo. Una enorme temeridad por mi parte de la que tuve que confesarme días más tarde.

Pues ahora lo mismo: al cabo de una semana se me vinieron los remordimientos sobre nuestra conducta de furtivos. «Hay que ver, Diego, a nuestra edad… Mira que si un día nos pillan… Tú, un dentista tan famoso aquí… Qué fatiga, ¿no?». Lo consultamos con Joaquín Franquelo, nuestro oráculo, y fue rotundo: «Sin ningún problema, sin ningún resquemor de conciencia. Seguid haciéndolo. Es un bien muy costoso y del que disfruta muy poca gente. Aprovechaos». Pero no, lo dejamos de hacer. Sin embargo, una vez que metes el dedo en la tarta… Aquel regusto fue el acicate preciso para que, de una vez, decidiéramos apuntarnos de verdad por la vía oficial. Y en ello estamos.

Casi a diario, como una especie de promesa carmelitana y en plena concordancia con mi querencia por la rutina, cada mañana de nueve a doce, tiro para Antequera para jugar mis nueve hoyos reglamentarios. Me acuerdo de mi madre: «¡Qué vicioso eres, José María. Menos mal que no te ha dado por el vino!». A las doce y media ya debo estar en el pueblo de vuelta para darme mi bañito con mi amigo Manolo, el de Carmencita, y su señora y otros paisanos asiduos del agua mañanera. Y las tardes para la lectura y la escribanía.

Por tanto, no deseaba otra cosa que mantener ese tren de vida sosegada hasta que llegaran las primeras lluvias de septiembre. Pero la cosa se precipitó antes de la cuenta. A mediados de agosto, pasada la feria del pueblo, me llamaron para «tallarme»: un TAC con la vejiga llena para localizar y fijar el punto de mira justo en la próstata. Me hicieron unos tatuajes minúsculos en tres zonas de mi pelvis como referencias y me indicaron que tenía que presentarme a filas el día 5 de septiembre. Todavía tuvimos tiempo mi mujer y yo de apurar la última semana de agosto en San Sebastián disfrutando de la hospitalidad de Bego y Jesús, nuestros amigos vascos, junto a Inés y Miguel, amigos montalbeños. Fueron unos días preparatorios, muy relajados y confortables, en los que gozamos de excelente compañía, fiestas camperas folclórico-flamencas y una insuperable gastronomía.

Día primero. ¡La expectación!

Pero la verdad es que no estoy nervioso. Ni siquiera preocupado. ¡Qué diferencia a cuando sufría mis ataques de arritmia! Me descomponía. La presencia de mi mujer me estimula a ser positivo. «¡Actitud, actitud!», me riñe en cuanto me ve algo pensativo. Recuerdo las sesiones de radioterapia que ella misma padeció con tanta entereza y tanta normalidad para su cáncer de mama. Pues yo no voy a ser menos.

Se me viene al pensamiento mi hermana Josefa. Es inevitable. Aquel sí fue un tiempo oscuro y triste de quimioterapia paliativa, porque éramos todos, mi padre, mis hermanos y mis sobrinos (sus hijos), conscientes de que el tratamiento sería pan para hoy y nada para mañana. Con todo, pudo disfrutar de unos meses de bonanza, tanta que ella misma se lo creyó.

Es curioso cómo muchos pacientes con cáncer tejen una especie de cortina emocional que los proteja del mal, igual que mi hermana. Y volvió a reír y a cantar con sus amigas de la iglesia y a reunirnos a todos, como a ella le gustaba, en su casa del convento para comer juntos y escuchar mis chistes guarros a chillidos. Viéndose por momentos tan recuperada, llegó a sentirse curada. Yo creo que sí. Es lo único que nos quedó de consuelo, los meses que vivió creyéndose liberada. Acudía a la quimio más decidida y sonriente que todos sus compañeros. Esos días de tratamiento en el hospital del Tomillar vivía en nuestra casa de Valencina. Mi mujer cambiaba los turnos de trabajo para poder acompañarla en cada sesión. Pudimos comprobar de primera mano la ilusión y la esperanza que mi hermana transmitía. ¡Qué duro para su marido y para sus hijos su partida tan prematura de este mundo, con solo cincuenta y tres años! ¡Qué pérdida tan cruel para mi hermana Carmen, la pequeña, una hija más para aquella! ¡Y qué amarga entereza la de mi padre! En apenas diez años se despidieron para siempre su mujer y su hija mayor.

Pero mi padre fue siempre de otra casta. Ha sido mi ídolo. Incluso cuando se echaba mano al cinto para arrearme por ser yo tan delicado con la comida o cuando no creía en mí como persona de valía. Lo recuerdo, siendo yo un mocoso, como un padre severo y exigente, pero mucho más niñero y cariñoso que mi madre, siempre con la alpargata cargada. Todos conservamos en nuestra memoria determinadas escenas de nuestra infancia que son indelebles, inmunes a los años. He caído, otra vez, malo con anginas y calentura, apenas he probado el gazpachuelo de huevo, mi cena preferida. Mi padre se cabrea conmigo y me manda a dormir. Estoy tiritando de fiebre en la cama, casi delirando, y entra mi padre en la cámara con una cuchara rebosante de leche condensada, un plato con un trozo de carne de membrillo y una pastilla de Okal. Casi no me importaba caer enfermo, porque era, encamado, la única ocasión en que podía comer carne de membrillo y turrolate. Esa es mi escena imborrable.

Siendo tremendamente dolorosa la muerte de mi madre a los setenta y dos años, supuso con el tiempo una liberación para mi padre. En los últimos cinco años anteriores, mi padre no había vivido nada más que para estar al cuidado de mi madre. Un hombre basto de campo que nunca había pisado la cocina aprendió a barrer, a fregar los suelos, a hacer la cama y hasta a planchar; es más, llegó a atreverse con algunos guisos y porras de los que antaño presumiera en el campo de tala. Lo nunca visto.

Fallecida mi madre, se desquitó, tanto que, ávido por viajar y conocer mundo, se venía con nosotros, sus hijos, nueras, yerno y nietos mayores, a los viajes de verano a los Pirineos, a Cazorla, Asturias, las Alpujarras, Sierra Nevada… ¡Coño! Hasta se vino a París en coche en un tiempo sin móviles en que estuvimos tantas veces los hermanos a punto de perdernos los unos de los otros. Un caso de hombre.

La muerte de mi madre la viví, como hijo y como médico, con profundo dolor y con sentimiento de culpa. La muerte de mi padre a sus noventa y cuatro años, en la paz familiar de su casa, la viví, sin embargo, como algo natural y esperable, con agradecimiento a Dios o al destino por la vida tan completa que había disfrutado y por el privilegio mío y de mis hermanos de haberlo tenido como padre.

No, no estoy nervioso. Me entra la risa de los nervios de mi padre cuando acompañaba a su nieto Juanito a los partidos de tenis *amateur* y las *enritaciones* que pillaba cuando el niño fallaba alguna bola fácil: «¡¡Juan, con los nervios!!». Pero no, no estoy nervioso. Me ocurre algo parecido a cuando iba a entrar a un examen: mis compañeros eran manojos de nervios sin saber dónde iban a esconder las chuletas para copiarse, y yo tan tranquilo, porque tenía seguridad, porque llevaba todos los temas al dedillo y podían preguntarme lo que quisieran. Pues aquí lo mismo. Tengo seguridad. He pasado treinta y siete años trabajando en los hospitales y sé que en estas cosas tan serias se trabaja con cuatro ojos, al 200 %.

Y lo encuentro todo como muy bien organizado. Es cierto que el sitio es manifiestamente mejorable. Todo el espacio para la radioterapia se ubica en un gran sótano del edificio A del hospital Carlos Haya, parece como si bajases al metro. Se trata de un espacio muy amplio pero lúgubre, con escasez en iluminación y ventilación naturales. Como un gueto para personas marcadas con el estigma del cáncer. He conocido salas de quimioterapia alegres —dentro de lo que cabe—, los pacientes conversan entre ellos, gesticulan y ríen… Y mejor iluminadas y ventiladas.

Quizá sea esta la primera vez que entro en un hospital como un asegurado más, sin que nadie sepa que soy médico, sin «enchufismo» de por medio. Hay gente que no ve bien el trato de favor que los médicos nos damos entre nosotros mismos y nuestros familiares, que nos saltemos a piola las listas de espera. Tiene su lógica tal apreciación. Pero, por otra parte, es algo tan natural, tan humano… Somos compañeros de roce diario, muy unidos ante adversidades y problemas del día a día, los que llevamos el tinglado para adelante; en fin, consideramos que nos merecemos ese privilegio. Cuando yo he procurado un favor a algún compañero o a alguien de su familia —que han sido muchas veces— no le quito la vez a otro usuario, sino simplemente añado uno más —o dos, o tres— en mi lista de ese día. No perjudico a nadie. En las listas quirúrgicas sí puede haber terceros perjudicados, pero me consta que se intenta interferir con el orden establecido de espera lo menos posible: se buscan huecos a deshora o en los turnos de guardia del cirujano en cuestión. Cosa distinta es cuando te recomiendan que veas a un vecino de una amiga de tu suegra, por ejemplo.

Hoy vengo como uno más, sin recomendación. Y, la verdad, no me veo raro. Cinco años de jubilado han sido suficientes para despojarme de mi rol de médico cuando entro en algún hospital. En la primera ventanilla que te encuentras, una señorita amable te toma los datos y te proporciona un número; el mío, el 251, ya para siempre. La ley de protección de datos no permite llamar a las personas por su nombre, sino por su número. Nunca he estado de acuerdo con esa norma y nunca la he respetado estando en activo en mi consulta. Yo llamaba a mis pacientes por sus nombres; salía a la puerta para despedir al saliente y llamaba —incluso en ocasiones señalándolo con mi dedo— al siguiente. No digo que lo que yo hacía fuese lo mejor, no lo sé, pero no me salía de dentro llamar a nadie por un número. El caso es que la atención de esta señorita de la primera ventanilla, la puerta de entrada a este nuevo ecosistema, me resultó muy agradable. El trato con agrado se me antoja imprescindible en cualquier acto sanitario, en cualquier ocasión de atención al público. Hay veces en que uno se siente, más que atendido, ignorado por personas ásperas que te hacen sentir que las estás importunando.

Agrado

Agrado. ¡Qué palabra más bonita! Es frecuente que los médicos escuchemos cuchichear a los familiares de los pacientes por los pasillos de las consultas o en la planta acerca de cómo les va a sus respectivos deudos con los distintos facultativos que les hayan sido asignados. En mis tiempos de Valme, alegraban mis mañanas cuando los oía decir por lo bajo: «Pues el médico de mi marido, un tal Benítez, aparte de bueno, ¡tiene tanto agrado!». Por desgracia, también tenía uno que escuchar en ocasiones lo contrario: «El Uceda será todo lo buen médico que quiera, pero, hija, ¡qué poco agrado tiene!». En cualquier actividad que tenga que ver con interrelaciones personales, el agrado —o su carencia— no es lo principal, pero sí lo primero que salta a la vista, la primera impresión. Hoy mismo he estado en un hospital para visitar a mi cuñado Cipriano, ingresado en observación por un dolor de pecho. En vano he intentado entrar para hablar con su doctora, no he conseguido mi propósito, pero al menos la celadora de la puerta de Urgencias que me ha atendido me ha tratado con consideración, con agrado.

Con todo lo goloso que soy, me resulta más atractiva una pastelera agradable detrás del mostrador que todas las bandejas de dulces expuestas, que ya es decir. Ser agradable no cuesta trabajo ninguno para quien trae esa cualidad de serie, de natura; pero debe ser la mar de difícil para quien ha nacido sin esa estrella. El agrado no se aprende en la facultad, ni luego tampoco. Debería de haber un test del agrado que se aplicase a los aspirantes a realizar la carrera sanitaria, una especie de selección a través de la criba del agrado. Pero no lo hay.

Cuando a mis diez años quise entrar en el seminario, los curas nos mantuvieron internados —a otros muchos chaveas de mi edad y a mí— durante una semana para comprobar si nuestras notas, nuestros conocimientos y, sobre todo, nuestra conducta eran compatibles con ser seminaristas. En ese primer intento fui suspendido. Obtuve unas calificaciones académicas de sobresaliente en las pruebas que nos hicieron, pero un suspenso en higiene y en conducta. Al año siguiente, algo más pulido, pude ingresar.

Algo así, una prueba de actitud, quizás fuese conveniente en las facultades de Medicina y Enfermería. Bueno, no, a la entrada en la facultad no, porque entonces podrían quedarse fuera futuros genios de las técnicas médicas, tan necesarias hoy, simplemente por tener un trato avinagrado. Vale. Pero sí que pondría esa criba del agrado a la hora de escoger plaza de MIR, de manera que un aspirante a una especialidad clínica, esto es, con gran roce epidérmico, deba pasar el corte. Y lo mismo con cualquier persona, sanitaria o no, que se fuera a dedicar a la atención directa con un público.

Hay tres ámbitos en este amplio sótano: uno de medicina nuclear, otro para pacientes que van a la consulta y el último para los que vamos a sesiones de radioterapia. Cuando llegas, aquello parece un hervidero de gente, pero luego la cosa funciona con bastante buena organización.

En mi sala hay seis personas desconocidas que esperan su vez. Damos los buenos días y nos sentamos, yo con mi numerito en la mano. La gente está callada, embozada en su mascarilla, cada cual en lo suyo, casi todos mirando el móvil. Y pienso que nosotros mismos nos aislamos en nuestro propio estigma, como sabiéndonos portadores de una especie de lepra revisitada, de una nueva peste, de un mal impronunciable. Desde luego, yo no lo pienso así, y estoy decidido desde ya a cambiar este comportamiento si veo que es algo que se repita a diario.

La primera impresión, pues, es sombría. Hasta ahora no he sido del todo consciente de pertenecer a este grupo de personas «señaladas» por el mal del siglo. Hasta hoy no me he visto involucrado en una sala triste, como si esperase mi vez para el cadalso. Siempre que he necesitado la consulta con algún médico me he colado como enchufado. Ahora es distinto. Nadie sabe que soy médico, ni siquiera las enfermeras y auxiliares que van a tratarme. Soy uno más, el 251. No me importa.

Me importa el silencio. Me importa la aparente soledad de estas personas, cada una aislada —y protegida— en el mundo de su móvil. Un cartel pegado en la puerta de entrada a la sala de máquinas reza en grande: «Silencio, por favor». De buena gana lo cambiaría por otro que dijera: «Móviles en modo avión. Charlen ustedes con moderación». De toda la vida de Dios, las salas de espera médicas —al igual que los velatorios— han sido manantial inagotable de chismorreos; socialización, se dice ahora. Entre nosotros, españoles y andaluces, las anécdotas curiosas, los chismes, los chistes y las risas han sido —y lo siguen siendo— elementos imprescindibles y necesarios en cualquier reunión de personas. Tengo para mí que quien ríe a carcajadas espanta la enfermedad, vive más feliz y vive más. Mi amigo Agustín Madrid se ha curado del todo de un cáncer de colon con metástasis hepáticas a fuerza de risotadas. Es broma, y no pido tanto en esta sala, no; pero un poquito de alegría, por favor. Hay un hombre, quizás algo mayor que yo —con la mascarilla es difícil asignar edades—, que no exhibe móvil y que me parece abierto a conversar. Pero aún es pronto. Voy a esperar.

Nuestra sala es rectangular, tiene catorce asientos, siete en cada lateral. La pared de enfrente es la puerta de entrada a la sala de máquinas. Un lateral es pared, pared con ventanas fijas de cristales opacos. En la esquina, una ventana pequeña y a mano del personal permanece medio abierta para dar algo de ventilación. El otro lateral es una gran cristalera transparente que da a un patio de luz y que sirve para iluminar la sala. En dicho patio puede observarse una docena de macetas con distintas plantas distribuidas de manera irregular y casi casi marchitas y muy mal cuidadas: yucas ridículas y greñudas, geranios resecados, plantas carnosas cuyos nombres no sabría nombrar y, sí, un cactus vertical y erecto cual elemento fálico que me recuerda el vigor nostálgico de otros tiempos. Y uno piensa que dichas plantas están a juego con nosotros mismos, que son alegorías vegetales de nuestra propia decrepitud.

¿Qué pasará por las cabezas de esta gente apesadumbrada? La abuelita de cara pálida, acompañada por una mujer joven —seguramente, su hija—, se muestra hierática, inmóvil, con mirada al infinito. Me gustaría animarla, preguntarle de dónde es, qué es lo que tiene… Hay tres o cuatro hombres más y dos mujeres, todos entrados ya en años. Yo me veo el más joven, quiero decir el menos viejo, y me digo: «Esto hay que animarlo. ¡Fuera el miedo!». Y es verdad que las mascarillas no animan a desterrar el miedo. Mascarillas que nos impiden olvidar la pandemia.

Mi síndrome de la cabaña

¡Ah, la pandemia! A su lado, esto no es nada. Miedo, pánico más que miedo, el mío cuando salté al vacío. A los veinte años dejé el seminario y a mis amigos del alma con muy hondo pesar, es verdad, pero también con un cierto sentido de liberación. Para alguien que no haya pasado por ese trance le resultará muy difícil imaginar lo complicado que resulta tomar una determinación tan definitiva que cercena de forma tajante y traumática todo lo que ha sido tu vida hasta entonces.

El seminario fue mi casa; los curas, mis segundos padres; mis amigos seminaristas, mis hermanos. Sin sentimentalismos ni ñoñerías, sino la pura realidad, al menos como yo la viví entonces. Salir del seminario fue un salto al vacío, de acuerdo, pero llevaba un paracaídas. O más de uno. Mi autoestima en lo intelectual era desbordante. Me sentía capaz de cualquier cosa. En lo físico, bueno, digamos que me defendía. Y, además, estaba enamorado y a punto de ser correspondido. A esa edad y con esas armas uno puede con todo. La mujer, la Eva eterna y universal, no nos tienta con una vulgar manzana, sino con unas almendras sonrientes y encantadoras en los ojos, unos limoncitos muy bien puestos en la pechera y, bueno, dejémoslo ahí. Luego me hice médico, mi segunda, acertada y verdadera vocación.

Y doy gracias a Dios de que esta pandemia me haya pillado jubilado. Yo hubiera sido de los primeros en caer. Me manejo rematadamente mal con los ropajes y atuendos, ni la mascarilla me la pongo bien, soy demasiado manazas y me desespero perdiendo el tiempo con el hato. En esto me parezco a mi padre, siempre con los harapos fuera. Una de las cosas que más me estresaba en la mili era tener que ponerme el uniforme a la carrera: los botones cojos, la cremallera desabrochada… El alférez de complemento, un valenciano estudiante de Ingeniería, me vacilaba en el pase de revista: «Mirad el Meche, la compostura que me trae…».

El problema sanitario del sida sí me cogió en plena actividad asistencial. Pero siendo, desde luego, un problema gravísimo que se cobró muchísimas muertes en todo el mundo, no imponía tanto miedo en los sanitarios, puesto que su contagiosidad no era ni de lejos tan alta como la de este dichoso virus de ahora. Si no eras drogadicto ni homosexual, te sentías a salvo. Esta pandemia, sin embargo, nos ha tenido a todos acojonados. Por lo menos a mí. Aun así, tuve el valor de alistarme en mi hospital y en el Colegio de Médicos de Sevilla como voluntario jubilado para las labores que pudiesen estimar oportunas; me sentía obligado ante mí mismo y ante mis compañeros. Me rechazaron por mis problemas de arritmia. De alguna manera, respiré aliviado. Y llegué a considerar el confinamiento como una cosa placentera porque suponía tranquilidad para mi espíritu pusilánime, tanto que se me hizo corto.

Sí, en cierta manera me consideraba un preso complacido entre las paredes de mi casa. Creo que llegué a desarrollar una suerte de síndrome de Estocolmo con el virus malévolo. Ahora se le llama «síndrome de la cabaña», una cosa de estas modernas de los psicólogos. No recuerdo que don Carlos Castilla, en sus freudianas disertaciones, nos hablara de nada de esto de la cabaña. ¡Ah, don Carlos! El profesor de más lustre y más prestancia que tuvimos los estudiantes de Medicina en Córdoba. La psiquiatría, con un más que presunto destino oscuro y siniestro, se convirtió en la asignatura estrella del quinto curso por la gracia de don Carlos, por su labia cuidada e ilustrada y por el intencionado misterio con que sabía envolver el contenido de sus enseñanzas.

Después de noventa días, con sus noches, de confinamiento, me sentía la mar de a gusto dentro de mi casa. Soy hombre de rutinas, y muy pronto me hice a las sesiones de gimnasia televisiva, mis cocinitas, quince minutos de sol en las piernas sentado en uno de los balcones al lado de mi perrita, peleíllas caseras con mi mujer, charlas *face time* con mi hija y mis nietos y a contestar Facebook y guasaps de amigos y familia. No podemos decir que le temiera a salir a la calle, no era para tanto, pero si no salía no pasaba nada. Decía como Higinio (Antonio de la Torre) en la película *Hasta que acabe la guerra*: «Pues aquí dentro no se está tan mal…». A mis amigos que me tachaban de cobardica les decía que sí, que lo soy, que por mi gusto me hubiese quedado en fase 0 hasta la Navidad. La verdad es que en esos meses de aislamiento social solamente eché en falta a mi hija y a mis nietos. Bueno, a Pepe, mi yerno, también un poquito.

Al contrario que don Carlos, yo detesto la soledad. Necesito a la gente cerca de mí. No solo mirarla, también tocarla, el roce epidérmico. «Eres muy tocón», me reprocha a veces mi mujer, «debes tener más cuidado con las mujeres, hombre, sobre todo con las que no te conocen tan bien…». No quiero imaginar mis días de confinamiento sin la compañía de mi mujer. Imposible permanecer tres meses sin gente a mi lado.

Recuerdo ahora el mes de septiembre del 2001, el de las Torres Gemelas. Mi mujer, valiente donde las haya, aprovechó su mes de vacaciones para largarse con un equipo sanitario de Valme a Guatemala, en misión solidaria. No tuve valor para acompañarla y me quedé solo en mi casa. Bueno, no. También estaba mi hija conmigo, pero ya se sabe: una chica con diecisiete años se pasaba todo el día fuera. Solo fue un mes, pero las pasé canutas. Y para colmo, sucedió lo de las Torres Gemelas, con el miedo añadido de que quizás no pudiese regresar en caso de líos de enlaces de vuelos por mor del conflicto. Fatal. Don Carlos y Franz Kafka han escrito fantasías oníricas sobre el valor de la soledad como virtud, como forma de vida. Para un servidor sería impensable.

Con frecuencia me llamaban amigos para consultarme dudas. En las primeras semanas del confinamiento no tuve más remedio que volver a ejercer de médico. Telemedicina. Y me ha devuelto este hecho la satisfacción nunca olvidada de sentirme útil, de hacer el bien, de ayudar a la gente.

A mi madre le costó un tiempo conciliar en su sesera la idea de mi yo médico, su José María médico. Ella me tenía ya por cura y le costó cambiar el chip, como se dice ahora. Y me aconsejaba desde su bondad: «Niño, la gente cuando va al médico quiere sentirse atendida, que alguien se interese de verdad por ella. Sé amable, niño». Y mi mujer lo mismo: «No te das cuenta de que posees un don, Sema, y es que tú eres capaz de curar solo con tu mirada y con tus palabras. No eres consciente del bien que puedes hacer». Esto de mi mujer ocurrió en una época de mis comienzos de médico en que, de vacaciones en el pueblo, la gente me atosigaba en la calle con preguntas y yo luego refunfuñaba. He tenido dos buenas maestras, sí señor.

En el campo, en las vacaciones de verano, mi padre me ponía a trabajar de pareja con Miguel de la Trini, un hombretón basto y rústico, un cacho de carne, pero noble y bueno. Me enseñó muchas cosas del campo y de la vida. Aprendí con él a hacer las porras fritas y a regar el maíz por arroyamiento e inundación, con canales y torvas, antes de la llegada de los «periquitos» aspersores. Fue de los primeros en darse cuenta del tilín que me hacía la Araílla, una muchachita a quien yo debía mirar con ojos tiernos cuando el autobús que venía de Antequera hacía parada en el cortijo y ella se asomaba a la ventanilla. «Ay, pájaro, me parece que de aquí va a salir algo…», se reía Miguel. Pues este hombre, enterado de mi decisión de abandonar el seminario e iniciar los estudios de Medicina, me profetizaba a su manera: «Niño, cuando tú seas médico, lo primero que tienes que hacer si te consulta un jornalero del campo es rebajarlo (darle la baja), por lo menos una semanita. Para nosotros, *reventaos* como estamos, esa es la mejor medicina».

Y, como os decía, me he sentido muy reconfortado estos dos años pasados pudiendo ayudar a amigos y familiares, sobre todo al principio, cuando más incertidumbre había sobre lo que se debía hacer. Yo creo que nunca dejaré de ser médico. Debe ser algo así como los curas, que aun sin tonsura ni clériman, se les nota que lo son. En el hospital, mi amigo Paco Lozano me llamaba el padre prior. Y lejos de molestarme, me halagaba. Me gusta no haber perdido mi estigma del seminario en aquello que supone la vocación de entrega. Mi gente cercana sigue diciéndome que tengo cara de cura. Al principio de la pandemia, aprovechando el confinamiento y a instancias de mi mujer, me dejé la barba y me decían que parecía un fraile. Bien está.

Muchos de mis amigos provienen del seminario. Le debo muchas cosas buenas al seminario y las podría resumir en tres: haberme sacado del campo (uno de los señoritos del cortijo le decía a mi abuelo en aquellos lejanos años: «Manolo, a este nieto tuyo hay que redimirlo del campo); haber adquirido el sentido de la exigencia y la responsabilidad, y haberme provisto de tan excelentes amigos. Desde mi declarada condición de ateo y laicista confesional, siempre reconoceré mi deuda de gratitud con la iglesia de Córdoba por habernos dado la oportunidad a tantos niños pobres y rústicos de entonces de redimirnos de un destino inexorable: la esclavitud del campo.

Mi suegra se extrañaba de que en nuestra casa de Valencina, en Sevilla, hubiese siempre algún amigo de visita o muchos en reuniones o comilonas. «Cuando uno se casa, se acabaron los amigos, se está para la familia», decía. Era esa la costumbre en los pueblos. Pues estos amigos u otros del pueblo con sus ramificaciones son mis principales usuarios de hoy, porque mi familia prefiere consultar a mi hermano o a mi sobrina, mucho más jóvenes. A mí me tienen por amortizado.

Hay que desterrar el miedo, hay que animar la sala. Ya estoy decidido a pegar hebra con el hombre sin móvil cuando una voz femenina llama a un número por megafonía. Ahora dice: «251, que pase». ¡Coño, ese soy yo! El procedimiento es sencillo. Me cambio de ropa en un box, solo he de quitarme los pantalones y los zapatos. Una bata azulada muy arrugada me cubre malamente el trasero y las piernas. Me llevan a una salita, me montan en una camilla y me colocan debajo de un armatoste parecido a una máquina de TAC. Toman medidas, ajustan los puntos de mira... «No se mueva, respire con normalidad». Aquello empieza a moverse a mi alrededor, da unos cuantos pitidos... Yo cierro los ojos para no ver nada. Y en cinco minutos, todo acabado. ¡Ea!, hasta mañana.

—Peque —le digo a mi mujer—, mañana vengo yo solo.

Sanitarios en la pandemia

Me resulta de lo más normal ver al personal que nos atiende, auxiliares y enfermeras, y pensar en la reciente pandemia y sus crueles consecuencias en estos trabajadores sanitarios. Daos cuenta, el confinamiento nos privó en su día de Semana Santa, Feria de Abril, Patios y Cruces, San Isidro y Feria de Mayo, y no pasó nada. Más aún, ni me acordé de las semifinales de la Champions, que ya es decir. Fijaos que más que las pérdidas económicas y lúdicas que esto nos supuso, me pesaron las penurias de la gente que hacía cola para obtener comida, las colas del hambre, o incluso de los dueños, pequeños autónomos, de los cacharritos de feria, los puestos de chocolate y buñuelos, el bar Giralda o la bodeguita Romero, por poner ejemplos muy conocidos por mí. Y como ellos, tanta otra gente a quien esta crisis pilló en fuera de juego. Creo que estas personas vulnerables y los sanitarios han sido los que peor partida se llevaron.

Desde luego, lo de los sanitarios no tiene nombre: más de cincuenta mil contagiados en las primeras olas… Da escalofríos. Mis compañeros de Valme me enviaban fotos por WhatsApp. Salían irreconocibles, enfundados en esos trajes espaciales. La mayoría, chicas jóvenes. Chicos y chicas a quienes conozco sobradamente porque fueron alumnos y residentes míos. Chicos y chicas a quienes quiero y admiro ahora más de lo que nunca hubiera podido imaginar. Porque se comportaron como unos jabatos, unos héroes de verdad. Se enfrentaron a situaciones totalmente nuevas y dramáticas que ni los más antiguos habíamos experimentado nunca. Muchos se vieron obligados a abandonar a sus familias para evitarles el posible contagio, aumentaron sus jornadas de trabajo, abrieron unidades nuevas en sitios insospechados y a la carrera, lloraron de miedo, de angustia, de cansancio, de incertidumbre, de insomnio…

Me conozco el hospital con los ojos cerrados y me los imaginaba a ellos y a ellas, a los médicos de Urgencias, los de infecciosas, los neumólogos, los intensivistas… Cada cual en su sitio, cada cual encarando la muerte cada día, con el miedo en el cuerpo. Cansados, fatigados de mal dormir, muchas guardias y muchos refuerzos. Son jóvenes, sí, y lo aguantan todo, vale. Pero no por ello dejan de exponerse mal cubiertos en muchos casos. Y disimulando ante el enfermo, haciendo de tripas corazón, mostrando su mejor cara, su mejor talante, porque eso es lo que han aprendido, para eso se han hecho médicos. Pero nunca podrían haber esperado esto. Hemos pasado la tragedia enorme del aceite de colza, del sida, la gripe A…, pero nada como esta pandemia devastadora e incierta, traicionera. Mi compañero Fernando Caba Barrientos, anestesista de mi quinta y persona entrañable, fue uno de los primeros mártires de la pandemia en mi hospital.

El primer médico cordobés muerto por el COVID-19, Manolo Barragán, era un muchacho de mi promoción, la segunda de la naciente Facultad de Medicina de Córdoba (1973-1979). Creo que él acabó un año más tarde por cuestión de algunas asignaturas pendientes, cosa muy normal. No lo había vuelto a ver. Él, como muchos otros, se quedó a trabajar en Córdoba de médico de familia, y yo, después del MIR en el Reina Sofía, emigré a Pozoblanco y luego a Sevilla. Por lo que me cuentan, Manolo estaba ya en puertas de la jubilación, pero se le atravesó antes el maldito virus mortal. Al parecer, andaba delicado, no sé exactamente lo que era; «patologías previas», se dice de manera genérica. Estoy convencido de que si llegase otra nueva oleada de contagios graves, la administración sanitaria retiraría de la primera línea a todos los sanitarios portadores de riesgo elevado. Pero la primera oleada nos cogió desprevenidos, nadie podía esperar tan alta letalidad del dichoso virus. Es muy posible que si Manolo se hubiese jubilado o si hubiese estado en otro puesto, alejado de la primera línea, hubiera salvado la vida. Descansen en paz, él y todas las víctimas de este bicho maligno.

Y uno, desde la distancia física y emocional que le proporciona el feliz estado de la jubilación, se pregunta ahora si acaso sea de obligado cumplimiento que los sanitarios, en general, se presten sin más a arriesgar su salud, incluso sus vidas y las de sus cercanos, en estas críticas circunstancias, siendo ellos y ellas, en su mayoría, personal estatutario, trabajadores por cuenta ajena en una empresa que no digamos que los maltrata, pero sí que los considera como elementos, uno más, del engranaje empresarial general. Y por entonces no dejaba de pensar en mi hermano pequeño, Frasco, y en mi sobrina Inma, ambos internistas en activo, batiéndose el cobre en sus hospitales respectivos.

Gabriel Heras, un intensivista de un hospital de Madrid, ha publicado un libro acerca de todo esto, de cómo él y sus compañeros vivieron la situación desesperadamente, *En primera línea*. Y refiere que ya con anterioridad a esta pandemia, hasta el 50 % de los sanitarios abandonaría la profesión si pudiera rebobinar. Demasiada quemazón, demasiada desafección. ¡Qué pena de sistema, el nuestro, con tan buena infantería que no se fía de los mandos! ¡Qué buenos vasallos, de tener unos buenos señores!

Puedo comprender que algunos decidieran echarse atrás, pegarse un tiro en el pie, pero me cuesta, porque incluso el personal más quemado y despechado no reniega a las primeras de cambio de lo que siente como obligación íntima, personal, moral. Pero es que también el personal no sanitario de hospitales y centros de salud (limpiadoras, celadores, administrativas, cocineros…) dieron un paso al frente, muy poca gente se arrinconó. Y creo que en esas condiciones extremas es cuando más se nota el tema de la vocación.

Siento una admiración especial por todas y cada una de estas personas, auxiliares y enfermeras que ahora me tratan, porque hace tan solo un año estaban jugándose el pellejo por todos nosotros. Las vemos ahora solícitas y sonrientes en la sala de máquinas, hablando de sus cosas, de sus maridos manazas, de la maestra de sus niños, tan maja y aparente, de recetas de hojaldres… Seguramente, algunas de sus compañeras hayan caído en el frente pandémico, alguna de ellas mismas haya sufrido y superado el dichoso virus. Y aquí están, como si nada. Admirable.

Yo me considero el médico más pusilánime del mundo, quien me conoce lo sabe, y, sin embargo, estoy convencido de que si una cosa de estas te pilla dentro, no piensas en escaquearte; sientes miedo y angustia, pero tiras para adelante. Esto es lo que ha hecho casi todo el mundo. Y a día de hoy me desdigo de cualquier reflexión o comentario realizado por mí acerca de la eventual desidia o el desapego del personal sanitario hacia su implicación con el sistema público de salud. Si alguna cosa positiva nos ha traído el dichoso virus ha sido comprobar la entrega y la unión sin reservas de todo el personal sanitario hacia el objetivo común de salvar vidas. Cual verdaderos héroes, han puesto en riesgo la salud propia y de sus cercanos sin recibir otra cosa a cambio que el aplauso y reconocimiento de una sociedad entregada y quizá el despido cuando todo haya pasado, o quién sabe si el olvido de tan grande heroicidad o, incluso, la agresividad de alguna gente cuando vengan las cosas mal dadas. Al tiempo.

Sentí angustia leyendo el 6 de junio de 2020 un artículo de *El País:* «Agonía y resurrección del doctor Moreno». Santiago Moreno, jefe de servicio de la Unidad de Infecciosas en el Hospital Ramón y Cajal de Madrid, relataba una especie de diario acerca de su enfermedad por COVID: cómo nadie a últimos de enero se creyó de verdad lo que se nos venía encima —ni él ni nadie hasta que la cosa se precipitó de manera apabullante a mediados de marzo—; cómo les pilló totalmente desprevenidos y tuvieron que improvisar de aquella manera; cómo la dirección del hospital se comportó con total compromiso y dedicación, sintiéndose todo el mundo desbordado, sin mascarillas, sin equipos de protección y sin tiempo para adquirirlos; cómo él mismo, hombre efusivo y amante de los abrazos apretados, cayó enfermo y tuvo que ser ingresado en la uci con su neumonía algodonosa bilateral, a pique de cascarla. Produce una emoción angustiosa su reflexión, en los momentos críticos en que creyó que se moría, sobre qué cosas son las importantes y su propósito firme de cambiar su estresado estilo de vida si salía de esta. Y, finalmente, ya recuperado y de vuelta al trabajo, la confirmación (¿penosa?, ¿gloriosa?) de que ninguno de nuestros propósitos de enmienda dura más que un bizcocho en mi despensa. Ha seguido siendo el mismo, se ha olvidado de todo. Porque en sus propias palabras: «Al final, uno hace aquello que le gusta, aquello que lo hace sentirse bien». Es así. Porque la realidad nos enseña que nuestra libertad no consiste tanto en hacer lo que quieras, sino en querer aquello que haces.

Ahora, visto lo visto, siente uno tranquilidad porque mis padres y mis suegros hayan muerto sin haber conocido esta situación. Mi madre hace ya muchos años que falleció, pero mi padre y mis suegros lo han hecho hace tres años con la paz y el sosiego de unas muertes domésticas, sedados y rodeados de sus hijos, unas muertes muy dignas, unas buenas muertes. Nada que ver con lo de ahora del COVID en las residencias de ancianos o en los hospitales, sin derecho siquiera a una tierna despedida. Morir en soledad. ¡Tristeza!

¿Pero acaso existe en nuestra cultura una muerte alegre? En cualquier caso, no comparto la reflexión de mucha gente de que lo peor de la pandemia haya sido la muerte en soledad. Lo entiendo, pero no lo comparto. Lo peor ha sido la alta mortalidad en las primeras olas, la mayoría ancianos. Porque, si uno lo piensa bien, al final todos morimos en soledad. Y eso que tanto predicamos de «morir con dignidad», yo digo que sí, por supuesto, pero que, aquí entre nosotros, yo prefiero la dignidad para la vida. Pero esto que no salga de aquí. Y no entiendo ahora tanto sentimiento por la soledad de la muerte cuando lo que yo he conocido de médico de hospital durante treinta y siete años ha sido la voluntad de mucha gente de traer a sus ancianos a morir al hospital. Y, por lo general, la muerte en el hospital también es triste y solitaria. No lo critico, simplemente es una observación. Soy el primero en comprender las circunstancias actuales de habitabilidad de las viviendas, totalmente insuficientes para albergar con cierta comodidad a un anciano agonizante, y la escasa disponibilidad de recursos sanitarios para atender la muerte a domicilio.

Asimismo, tampoco comparto la saña con la que se está atacando a muchas residencias de mayores por no haber estado lo suficientemente preparadas y medicalizadas para acometer la tarea inmensa de contener el virus. En Andalucía, en concreto, la labor desarrollada por la mayoría de ellas ha sido ciertamente encomiable, medicalizándose sobre la marcha con el apoyo logístico y de personal de muchos hospitales cercanos. Incluso pienso que se habla con excesiva severidad de lo ocurrido en las residencias de ancianos de Madrid, donde fallecieron más de seis mil ancianos en dos meses. Todo resultó demasiado caótico para las posibilidades reales de nuestro sistema sanitario público, que partía con un déficit de recursos más que notable.

Sirva este relato sencillo como mi homenaje y exaltación particular a todo el personal sanitario y no sanitario español que de manera tan ejemplar se despechugó en la lucha contra el maldito virus de los cojones.

Haciendo amigos en la sala

Conviene comenzar con buen pie. Y creo que lo mejor para ello es aliarse con personas afines a uno, buscar complicidades. Los primeros días —sobre todo las primeras noches— en el seminario de los Ángeles, en la sierra de Hornachuelos, fueron terroríficos para un chaval de pueblo chico que salía por primera vez de su casa y de la cama de su abuela. Buscaba el calor de mis amigos y paisanos, Manolo y Manuel, monaguillos del pueblo como yo, pero ambos, por mor de sus primeros apellidos, Hurtado y Gámez, respectivamente, estaban siempre distanciados de mí, Rivera, tanto en las clases como en el comedor y los dormitorios. Manuel era un vicioso empedernido del *ping-pong*, un *crack*, y Manolo, un muchacho retraído y debilucho, con más días de enfermería que de clases y recreos. De manera que cada cual se buscó la vida un poco por su cuenta.

Creo que siempre he tenido la habilidad de tropezarme con buenos amigos. O la suerte. Así ha sido a lo largo de toda mi vida: en el pueblo, el seminario, la universidad o el hospital. Corriendo mucho el siglo, ingresé en la Facultad de Medicina de Córdoba un par de años mayor que los demás. Podría haberme sentido extraño proviniendo de un centro de curas, de un bachiller de letras y más viejo que los otros. Y, de hecho, así fue. Pero aquello duró una semana, el tiempo que tardé en encontrar a muchachos sencillos y nobletones como yo. En el seminario, me vino de perilla, además, mi pronta y merecida fama de empollón. Don Eduardo, nuestro profesor de latín, me apodó como el Fili, por aquel anuncio de televisores Philips, que «mejores no hay». En la facultad, algo parecido: en la primera semana del primer curso, don Pedro Montilla, profesor de Fisiología, dibujó en la pizarra una serie de garabatos geométricos entrelazados y preguntó luego a la clase qué representaba aquella figura tan particular y rocambolesca. Trescientos alumnos y no se escuchaba una mosca. Yo levanté el brazo. «A ver, el caballerete», me señaló don Pedro. Y dije con voz temblorosa: «La figura representa la fórmula química de la molécula del ciclopentanoperhidrofrenantreno». Silencio sepulcral de dos segundos eternos. «Premio para el caballero», gritó don Pedro. Y ya toda la clase conmigo. «El curilla, el curilla, vaya tela con el curilla».

Más tarde, en enero de 1986, entramos en el hospital de Valme de Sevilla Paco Gómez, Paco Lozano y yo, los tres primeros clasificados en el concurso-oposición para cubrir vacantes de medicina interna, nuestra especialidad. Desplazamos necesariamente a otros compañeros de allí que tuvieron que escoger destinos alternativos en otros puntos de Andalucía. Nos refugiamos los tres esperando el recelo de los otros compañeros que se quedaron, pero no hubo tal. Fuimos acogidos como colegas de toda la vida.

Y ahora, aquí, en una consulta de «leprosos» medio apestados, ya estoy tanteando nuevas amistades, como tiene que ser. Al tiempo.

Esto es coser y cantar. Le he perdido el respeto a la radioterapia. No noto ninguna molestia. Me felicito a mí mismo por haber escogido este tratamiento. Quién sabe las penurias que arrastraría ahora de haber elegido la operación quirúrgica; seis meses tardé en recuperarme del todo cuando me operé de la cadera izquierda. Es verdad que me está costando acostumbrarme al hecho de que todo el operativo que veo, tan bien organizado, esté en manos de técnicos de rayos y de enfermeras. Sin restarle un ápice de capacitación y empatía, uno está acostumbrado a que sean los médicos los que gestionan cosas tan delicadas. Sesgo profesional.

Confieso que en los primeros días casi he cronometrado mentalmente el tiempo de los movimientos de la máquina, cuándo y dónde se para, en qué momento emite unos ruiditos de descarga… Como si temiera ligereza o descuido en este personal tan entregado, sí, tan preparado, sí, pero tan joven que puede fácilmente distraerse en chismes y cosas domésticas, tan propio en los ambientes laborales que uno conoce. Pero ya no. Confianza total.

Primera revisión con mi doctora. Me habían advertido de los posibles efectos secundarios que podría notar. Mi doctora se interesa. Nada. Le digo que me encuentro como si tal cosa, ninguna molestia. Es más, sigo jugando al golf, ahora por las tardes. Lo aprueba. Si acaso, le sigo diciendo, noto menos fuerza, me canso algo más; la bola del *driver* alcanza menos distancia.

Me dice que es así, que uno de los efectos secundarios es la astenia, la falta de energía. La doctora Villanueva, que así es como se llama, es una mujer madura, rondará los cuarenta. Aunque la veo sentada y con mascarilla, me parece una mujer atractiva. Yo siempre con lo mío, no lo puedo remediar. Posee un timbre de voz agradable y una mirada serena. Inspira confianza. Me da un poco de vergüenza, pero al final se lo zampo: me está costando mucho conseguir mi antigua erección y me resulta muy dolorosa la eyaculación. «Normal», me tranquiliza. Dice que es algo transitorio y que luego se recupera. Dios la oiga. «¿Cuándo?», pregunto ya más confiado. «En unos meses», me responde con sonrisilla pícara. «Los hombres siempre igual… No pensáis en otra cosa». Cierto.

Y hablando de pensar en lo mismo, ¡oh, témpora!, qué tiempos aquellos en que acostumbraba a ejercitar una gimnasia erótica a fin de adiestrar los nervios y músculos pudendos para conseguir emular a mi paisano Manolo, el Mulato, que al decir de muchos era capaz de sostener un cubo de cal enganchado en su verga enhiesta. Yo no iba a llegar a tanto, claro, pero ensayaba, a lo primero con una zapatilla de alcoba, luego con una sandalia, y hasta llegué a mantener por unos segundos una bota de la mili. Tiempos de poderío. Imposible recuperar aquellas gestas, pero por lo menos que me quede como estaba: una cosa morcillona.

La sala parece haber cobrado algo de ánimo. Voy conociendo a algunos que se dejan. Todos estamos citados a las diez y media. Es nuestra hora. El hombre sin móvil y dispuesto a conversar se llama Juan José y viene en ambulancia colectiva desde Villanueva de Algaidas. Es un hombre muy interesante, de mundo corrido. Pronto descubriré que es el alma de la sala. Tiene setenta y siete años, pero un cuerpo bien aseado y una melenita rizada a lo José Coronado le quitan diez años por lo menos. Y es un buen conversador, siempre procurando meter baza con quien ve más abierto. Manolo, sin embargo, de Teba, es un protestón y un quejica, cada día nos trae un síntoma nuevo, una queja sobre el chófer de la ambulancia, sobre su sufrida esposa o sobre su médico. Ambos, Juan José y Manolo, están en la máquina dos, como yo. Ambos con la próstata. Una mujer hermosa y corpulenta, cabello grande, muy sonriente, viene siempre acompañada por su marido y conversan quedamente entre ellos. Creo haberla visto alguna vez por Antequera, tal vez vivan allí. Ya me enteraré. La viejita muy tímida no ha dicho ni mu en todos estos días, ni siquiera habla con su hija, también bastante calladita. No sé nada de ellas. Tenemos un guiri, un tío alto y fuerte, casi calvo. No sabemos si habla algo de español, porque se tira todo el rato de espera leyendo un libro. En inglés, claro. Una mujer madura y muy obesa va siempre por detrás de mí, el número 252. También lee mucho, pero sabemos al menos que viene para radiarse la mama, ella misma lo ha dicho, que tiene ya escoceduras por debajo de la teta izquierda. Viene en coche propio desde Archidona.

Todos venimos desde los distintos pueblos. Se conoce que a los malagueños de capital los citarán por las tardes. Hoy, en mi sesión octava, se han licenciado dos hombres. Cuando ocurre algo así, todos los ocupantes de la sala en ese momento en que terminan su última sesión nos levantamos y le aplaudimos cantando «por ser un chico excelente…». Es emotivo. Uno piensa entonces qué será de esta persona, si se habrá logrado la curación o si será pan para hoy y hambre para mañana…

Pero ya empiezo a ver otro ambiente, otro cariz en la gente, como más confiada y participativa. Yo todavía veo muy lejos mi despedida. Y ya empiezo a notar algunos síntomas molestos: escozor al orinar y un dolorcillo desagradable en el canal anal. Veremos a ver…

Golosinería

Cada día hasta ahora, al terminar la sesión y salir a la calle, me cuelo en una tienda Hipercor que hay frente por frente al hospital y compro bollería perniciosa. ¡Ea!, *pa* darme un gusto. Por si las moscas. Soy demasiado goloso, lo reconozco. Es herencia de mi abuela Josefa: aborrecía las aceitunas y se pirraba por los dulces, como yo. A mi abuela le debo también mi entrada en el seminario. Se empeñó en meterme a monaguillo y más tarde convenció a don Juan, el cura, para que me recomendara para el seminario. No en vano iban a quedar tantas jaculatorias y letanías aprendidas con ella, en su cama, en las noches de insomnio veraniego.

Mi historia con la bollería es muy divertida. Mis pacientes de Valme, enterados por el boca a boca de mi pasión pastelera, no me regalaban otra cosa que no fueran dulces: bizcochos de Lebrija, tortas inglesas de Carmona, magdalenas borrachas de El Viso del Alcor, mostachones de Utrera, confituras variadas de Los Palacios…

Todos los martes iba a Lebrija a pasar una consulta de especialista en el centro de salud. Sobre las dos de la tarde, acabada la consulta, era obligatorio pasar por la casa de una paciente mayor y viuda muy querida y mimada por mí. Yo le tomaba la tensión y charlaba animoso sobre cosas domésticas, y ella me ponía la mesa con una cervecita sin alcohol y una tapa de acedías fritas. Y al despedirme, me tenía preparada cada martes una bandeja con un bizcocho riquísimo. Nunca he conseguido elaborar aquel bizcocho, y mira que lo he intentado.

Por lo demás, ahora de jubilado me he aficionado a la cocinilla, pero solamente para elaborar recetas de pasteles y bizcochos. Y son muy celebrados por las mamás de los amiguitos de mis nietos cuando acuden a las meriendas de cumpleaños. Y por mis hermanos, todos tan golosos como yo. Mi más reciente creación es una torta de aceite que me sale de diez, y mira que es sencilla de hacer. Mis amigas me piden la receta, pero luego prefieren que sea yo quien se las haga. Aquí el que no corre vuela. Al igual que las mujeres tienen la costumbre de entrar en las tiendas de ropitas, probarse algunas prendas y luego no llevarse nada, lo mío es entrar en toda pastelería que me encuentro, admirar y oler el género y ya está, con eso me conformo. Porque soy igual de disciplinado que de goloso. Los dulces, solamente en el desayuno. Cuando compro de más o me regalan lo que no puedo consumir, congelo los pasteles por piezas individuales y las voy devorando poco a poco. En ocasiones, es motivo de refriega con la Peque porque dice que le ocupo las tres bandejas del congelador. Hemos llegado a un acuerdo: una de las bandejas siempre será para mis dulces.

En los Ángeles (Hornachuelos), cada jueves por la noche era un día muy especial, el más esperado de la semana, más que el sábado, al menos para mí. Era «la noche de las talegas». Matías, el chófer del seminario, traía desde Córdoba nuestras talegas con la ropa limpia. Después de la cena, don Manuel Cuenca nos las repartía a voz en grito, a cada uno la suya. Todos aguardábamos ansiosos y apelotonados en el vestíbulo de entrada, donde se amontonaban las talegas. La mía era la 221, marcada con puntos de macramé por mi abuela Josefa. Cada cual subía rápido al dormitorio para sacar la ropa y ordenarla en el armario, pero sobre todo para degustar las golosinas que nuestras madres entremetían entre toallas. Había niños de pueblos de Los Pedroches que, en vez de golosinas, recibían chorizos y salchichones bien envueltos en plásticos. Mi ropa la averiguaba mi chacha Josefa, que vivía en la Comandancia de la Guardia Civil de Córdoba. Y conocedora de mis gustos, me mandaba tortas de Inés Rosales, que llegaban totalmente despachurradas, y cortadillos de cidra. ¡Qué gustazo! Era costumbre que los compañeros de dormitorio compartiéramos el género. Jaime era un adicto a la leche condensada; Agustín, al chorizo de la Añora; Antonio Luna, a los roscos de vino; los chaveas de Priego, a las barras de turrolate; José Pablo, a las magdalenas… Un popurrí de *delicatessen* que más de una vez nos provocó diarreas motoras.

Fuera de esas noches de transgresión, en los Ángeles no había lugar para los golosos. A lo más, unas galletas María en los desayunos de algunos domingos y fiestas de guardar. Manolo Cosano, un chaval de Fernán Núñez, tan adicto como yo, pero bastante más valiente, fue relevado de manera fulminante por don Gaspar de su cargo de ayudante litúrgico al ser cogido infraganti robando magdalenas del comedor de los curas. Tiempos de seminario, tiempos de necesidad y de dulce inocencia.

Errores de bulto

Hasta ahora he conseguido mantener mi condición de incógnito. Nadie sabe que soy médico jubilado. Un poco cotilla, esperaba poder intervenir en conversaciones y chismes en los que se criticaran determinadas actuaciones médicas, poner a caldo a tirios y troyanos, cosa tan habitual en las salas de espera de las consultas del seguro. En Valme, he sido testigo de discusiones y peleíllas entre algunos pacientes y algunas enfermeras de las consultas por mor de «ha colado usted a este, y yo estaba antes» y cosas por el estilo, que luego daban para media hora larga de cortar trajes a diestro y siniestro, en cuya costura ya entraban también algunos médicos de esa u otra consulta.

Pero no, aquí no he escuchado ninguna crítica a los sanitarios. Sí quejas por el tema del transporte, el retraso y la incomodidad de las ambulancias colectivas, o por lo mucho que enfría el aparato del aire que hay en la sala de espera, «que es que no puede una sentarse enfrente, oye». Y pienso que quizás suceda que en estos casos de diagnóstico y tratamiento de procesos tan serios como son los cánceres está todo muy bien protocolizado y por ello no sean frecuentes los errores de bulto. Además de que a los enfermos de cáncer se les mira de otra manera, con más consideración, si cabe. No sé.

Aun así, todos los médicos cometemos errores, incluso en casos graves de tumores. Incluso errores de bulto. Conviene ahora aclarar que no todos los errores, ni siquiera los de bulto, constituyen negligencias. En ocasiones son simplemente fatalidades que ocurren de manera inopinada, inesperada o impredecible. Por mala suerte, si queréis. La negligencia es un error de bulto que podría haberse evitado. Un error evitable. Y viendo en estos días a mis compañeros de fatigas, se me presentan como espectros antiguos pacientes míos, muy queridos por otra parte, con quienes yo cometí errores de bulto con nefastas consecuencias.

Lo que yo he vivido como médico hospitalario durante treinta y siete años en cuanto a «errores» es que, por regla general, los familiares protestan, reclaman o denuncian por conductas poco empáticas del personal sanitario, por demoras inaceptables en la provisión de servicios o por equivocaciones puntuales en la administración de algún tratamiento. Los errores gordos, los de verdad, les pasan desapercibidos en la mayoría de las ocasiones; y nosotros, los médicos, nos guardamos bien de dejar el polvo bajo la alfombra. Mi criterio al respecto es que, naturalmente, no vas a ir por ahí pregonando tus propias meteduras de pata, pero, llegado el caso, lo prudente, lo razonable y lo ético es explicar lo que ha pasado de una manera humilde y con un lenguaje comprensible para la gente. Y, desde luego, dejar constancia de ello en la historia clínica del paciente.

Me parece bastante normal que los médicos vivamos la muerte de nuestros familiares y amigos con un cierto sentimiento de culpa, como si nos exigiéramos a nosotros mismos un plus de responsabilidad, un plus de acierto para evitar lo inevitable. A mí me pasa. Me ocurrió con mi madre, con mi hermana Josefa y con mi amigo Manolo Estepa. Poco a poco lo vas superando, pero duele. Tu mente te hacer ver la fatuidad de tus reproches, pero el corazón sigue dando latidos de constricción, latidos que escuecen.

Lo de Yolanda, sin embargo, es punto y aparte. Nunca había vivido una situación parecida: aguantar ocho largos meses sin poder aclararme con una enfermedad desconocida y tener luego el diagnóstico a una semana vista de la muerte de la paciente, cuando ya nada era posible. Puedo decir sin tapujos que mi querida Yolanda ha sido el fracaso más estrepitoso de mi vida profesional. Y también diré que, por contra, su marido me tiene en los altares, me guasapea y me felicita por Navidad.

Y hubo de tocarle a una mujer que era un ángel. Sí, una mujer joven —no llegaría a los cincuenta—, tiposa, elegante y de trato agradable, de estas personas que no saben quejarse, que todo es agradecimiento y dulzura. Confiaba en mí por encima de todos y de todo, y eso duele más todavía. Durante uno de sus muchos ingresos, en octubre del 2014, coincidió el nacimiento de mi nieto Lucas. Me tenía preparado un pelele de punto que se había trabajado en las largas tardes de hospital. Agonizante, en los primeros días de enero del 2015, aún sacaba fuerzas para sonreírme. Sinceramente, no creo haber sido merecedor de tanta confianza ni de tanto cariño por parte de alguien a quien has fallado. Y su marido era otro hombre santo de los que pocos han de quedar en la faz de la Tierra. Eran, ellos dos, una hija de quince años y un hijo de doce, una familia feliz, como tantas otras. Hasta que sobrevino la desgracia.

Su enfermedad comenzó por mayo del 2014. Desde el primer momento de la primera consulta aquello olía a algo serio. Y, a fin de no perder tiempo, acordé con ella y con su marido ingresarla. Desde ese momento hasta su muerte, ocho meses más tarde, la pobre permaneció muchos más días en el hospital que en su casa, a lo mejor dos meses ingresada y dos semanas en casa, una proporción así. Yo podía explayarme con ella solamente cuando venía a la consulta; mientras estaba ingresada era seguida por otro compañero de planta, con quien me reunía muy frecuentemente para consensuar juntos las actuaciones. Estábamos fritos. Achicharrados.

Desde el principio sospechábamos ambos que Yolanda padecía un linfoma gástrico muy agresivo y raro, pero no podíamos demostrarlo. A lo largo de su enfermedad fue intervenida en dos ocasiones para manejar *in situ* el estómago y los intestinos: las biopsias fueron negativas. Se realizaron en ella tres endoscopias gástricas: las biopsias, negativas para tumor. Empezamos a sospechar una forma rara de vasculitis sistémica. Se le realizaron sendas biopsias de ganglios linfáticos en el cuello: negativas para tumor y para linfoma. Tuvimos sesiones clínicas con los cirujanos —con nuestra intención de volver a operarla— y con los patólogos, a fin de que revisasen otra vez las distintas biopsias. Y nada. Los cirujanos, con toda lógica, no creyeron oportuno someter a la paciente al riesgo de una tercera intervención cuando, al parecer, ya podíamos tener un diagnóstico alternativo, el de la vasculitis sistémica. Los patólogos revisaron las muestras, y no solo eso, sino que las enviaron al departamento de Anatomía Patológica del Virgen del Rocío, por si allí veían algo más. Nada. Negativo para linfoma. Desesperados por la ausencia de diagnóstico y por la mala evolución de la paciente, mi compañero y yo decidimos poner tratamiento como si fuese una vasculitis sistémica, lo único que teníamos.

«No todo lo malo va a ser cáncer», nos conformábamos. Teníamos por entonces muy presente el caso de Cloti, una paciente mía, desahuciada por un supuesto cáncer de origen desconocido y metástasis pulmonares y hepáticas, para la que conseguí con la inestimable ayuda de mis compañeros neumólogos una biopsia pulmonar que nos proporcionó el diagnóstico definitivo de sarcoidosis. De muerta a viva. Se curó en dos semanas con los benditos corticoides.

Algo así era nuestra esperanza. Todos salimos contentos. Yolanda empezaba a mejorar con nuestro tratamiento empírico. Eso le permitió estar al menos dos meses seguidos en su casa, julio y agosto. Respiramos todos: «Ojalá sea eso, una vasculitis, grave pero curable». Falsa ilusión, pues volvió a ingresar en septiembre y ya no salió del hospital hasta el día 4 de enero del 2015 con los pies por delante. A últimos de diciembre, presentó una hemorragia digestiva alta, una más, y esta vez —a buenas horas— la endoscopia mostró un gran tumor cuyo diagnóstico fue terrible: linfoma gástrico de muy alto grado.

Se nos vino el alma al suelo. «¿Cómo es posible que este hijoputa de tumor nos haya engañado todo el tiempo, que no haya salido antes en las distintas biopsias, que no se haya dejado ver en los TAC realizados?». Ya qué más daba, el daño estaba hecho. A la carrera, los hematólogos empezaron un tratamiento con quimioterapia muy agresivo; de perdidos al río. Pero ya no fue posible. Su estómago estaba destrozado y vimos, por primera vez, metástasis en el hígado. *Alea jacta erat.*

Y uno se pregunta luego una y otra vez qué pudimos haber hecho que no hiciésemos. Y se te ocurren barbaridades nacidas desde la frustración más absoluta: que tendríamos que haberla operado antes por tercera vez, o que hubiéramos iniciado tratamiento quimioterápico aun sin diagnóstico certero de linfoma, o que… Qué sé yo. Eso desde el punto de vista médico-científico.

Desde el punto de vista humano, no tengo la más mínima queja de nuestro comportamiento con ella y con su marido. Todo fueron atenciones, mimos, consejos, información al detalle cada día haciendo partícipe al esposo de nuestras dudas y cuitas, y siendo él mismo consciente y testigo de nuestras dificultades y problemas en el manejo de su mujer, una mujer, como digo, única.

Aun siendo muy injusto conmigo mismo, la muerte de Yolanda pesa en mis espaldas mucho más que todos los aciertos y bondades cosechados en mi vida de médico. Muchos días, muchos, casi todos, al terminar mi consulta subía a planta para verla. Se le cambiaba la cara. Y solía canturrearle esa canción romántica de Pablo Milanés (q. e. p. d.) que dice: «Yolanda, Yolanda… Eternamente, Yolanda».

Yolanda querida, nunca olvidaré tus manos finas y cariñosas ni tu mirada azul esperanza.

La sala de máquinas y Amancio Ortega

Entras en un amplio vestíbulo donde se ubica el mostrador y la intendencia de enfermeras y auxiliares. A derecha e izquierda se abren cuatro boxes para los cambios de ropa. Y al frente, las entradas a los santuarios radioactivos, verdaderos búnkeres atómicos: las máquinas uno, dos y tres. El personal, en su mayoría femenino —muy de agradecer—, me conoce por mi nombre: «Ya puede pasar, José María». Llego a la máquina, me remango la bata hasta por encima del ombligo y me bajo los calzoncillos hasta una bajura «prudente», procurando mantener el pajarito en el nido. Y me tumbo boca arriba en una camilla cubierta con una sábana de papel reciclable. Dos auxiliares me recolocan el cuerpo y acaban bajándome casi del todo los calzoncillos («te creerás tú»), para ajustar lo más posible el rayo mortífero hacia su único objetivo: la próstata. Intento ayudarlas corrigiendo yo mismo la postura. «No se mueva, nosotras lo hacemos todo». Y me tocan las caderas, los cachetes, el pubis…

Confieso que es agradable notar el tacto de unos dedos femeninos en la piel de esas partes sensibles. En otras circunstancias, en otros tiempos, tal vez mi perezosa pilila hubiese dado alguna señal, algún movimiento vermiforme, como si hiciera por desperezarse. Ahora ni se inmuta. Nunca me ha tocado una mujer que no haya sido la Peque. Yo, por el contrario, he tocado a un montón de mujeres, es verdad, pero siempre en la consulta, en el ejercicio aséptico de mi oficio médico. Lo mismo que estas chicas, tan delicadas, hacen ahora conmigo. Mi amigo Joaquín

Franquelo dice con toda su guasa que nosotros dos somos hombres polígamos monocoños: polígamos de intención; monocoños en la práctica.

En la misma puerta de entrada en mi máquina, la dos, hay pegado un vistoso cartel donde puede leerse a cierta distancia un texto de agradecimiento a Amancio Ortega Gaena, el famoso Amancio dueño de Inditex, el multimillonario benefactor de nuestra sanidad pública. Me parece muy bien. De bien nacidos es ser agradecidos. No comparto del todo las críticas de un sector de la izquierda política y social sobre estas donaciones. Las tachan de caridad innecesaria que blanquea las verdaderas obligaciones fiscales del personaje. No estoy al tanto, no dispongo de tanto dato como para poder emitir un juicio moral. Sin embargo, es cierto que defiendo un concepto del empresariado español más solidario, más empático con la sociedad en la que vive. El empresario no solo trabaja por el objetivo del negocio y la ganancia, sino que tiene también una función social ineludible. Y esa función se puede y debe concretar en la práctica con la creación de empleo digno, el cumplimiento de los deberes fiscales sin atajos ni trampas legales, la oportuna inversión en mejoras y también, por qué no, con donaciones altruistas a las instituciones públicas.

Siguiendo ahora el hilo de los ricos y los empresarios, rechazo de plano ese bulo inventado maliciosamente por alguna gente acerca de que los podemitas odiamos a los ricos, a los empresarios y a los fachas. Aparte de que nunca se puede maximizar una opinión así, resulta que de tanto mal usarlas nos hemos acostumbrado al uso torticero de algunas palabras. *Libertad, odio* y *fachas* son acaso las palabras peor utilizadas de forma tan repetitiva y malsonante en debates, charlas y soflamas de redes sociales. *Odiar* es una palabra muy gorda, muy *heavy*. No se odian las aceitunas, el mar o el perro del vecino; te gustarán más o menos, pero no se odian. El objeto del odio son las personas. Y odiar significa aborrecer a alguien tanto como para desearle la aniquilación física o social, y eso es demasiado. No, yo creo que no. No es aceptable decir que la izquierda odie a la derecha ni a los empresarios ni a los ricos. Distinto es que existan, como en cualquier otro colectivo humano tan numeroso, cuatro desnortados. Al menos, no es mi caso ni el de mis amigos rojos. Lo que sí se respira hoy en el ambiente social y mediático es intolerancia, confrontación. ¿Cómo voy a odiar a mis amigos de derechas, gente formidable y decente? ¿Acaso debí odiar a mi padre cuando se encontraba entre los vivos, más franquista que Franco, pero el hombre más bueno y generoso del pueblo? ¿O a mis hermanos, todos ellos conservadores y buenísimas personas? Tonterías. Ganas de enredar.

Soy podemita, de acuerdo, pero procuro huir del dogmatismo ideológico. Estoy convencido de que es una señal de madurez personal liberarse del sectarismo partidista, y lucho por ello. Creo que cometemos todos un error al considerar, ya de entrada, que «los nuestros» son los buenos, y «los otros», los malos; que nuestros fines y objetivos en política son virtuosos, y los de los otros, interesados y espurios. Quiero pensar —y así lo deseo— que las personas normales de cualquier ideología —salvo cuatro desquiciados— son sinceras y decentes en sus opiniones y propuestas, aunque estén en las antípodas de las mías, que luego no es para tanto. Porque todos somos múltiples y distintos, pero conservamos un fondo de moralidad común, aunque nos cueste reconocerlo.

Por lo que a mí respecta, he ponderado con nota la valentía y el sentido de Estado de Fraga; la templanza de Gallardón; la altura intelectual de Rajoy, aunque fallón en prosodia; la astucia de vieja zorra de Esperanza Aguirre para salir de rositas de tanto tejemaneje; la afilada inteligencia de Santamaría; el pose tan elegante y la clase de Cospedal, tan alejados de las formas ordinarias de algunas diputadas de ahora; incluso la refinada estrategia de Ayuso para conquistar para su causa a casi toda la Comunidad de Madrid, con tan escasa substancia política. Lo que nunca aprobaré, venga de donde venga, es la falsedad.

Todo esto del mal llamado odio, palabra infelizmente tan de moda, nos viene a los españoles actuales, creo yo, desde poco tiempo a esta parte. Todos estaremos conformes en que hace veinte años, incluso diez, vivíamos los ciudadanos en una cuasi permanente luna de miel social: una sociedad imperfecta e hipócrita, como cualquiera otra, pero bien avenida, al menos en la superficie. Una sociedad civil tal vez adocenada y medio anestesiada por la bonanza económica y el bienestar social. Acontecimientos y realidades muy recientes, tales como la transición pacífica —«modélica» para muchos—, la irrupción política de la socialdemocracia y, a renglón seguido, la entrada de España en la eurozona, hicieron posible la tan aplaudida y ponderada sociedad del bienestar.

Ni mucho menos estaban cerradas todas las costuras, pero preferimos mirar para otro lado, el lado positivo, el bueno, el de la aparente concordia. Persistían, obtusos, muchos muertos en las cunetas, las tremendas desigualdades sociales y de género, el machismo tan nuestro, tan añejo, la explotación laboral, el menosprecio y la burla a colectivos marginales (gais y lesbianas), la xenofobia, la confesionalidad estatal con el nacional catolicismo y, desde luego, la corrupción bipartidista, siempre justificada con el «tú más», y las cloacas del Estado. Pero el ciudadano de a pie, como dicen que hacía Franco, no se metía en política salvo para cosas muy gordas y puntuales como las elecciones o las manifestaciones por el estatuto de autonomía. Los españolitos estábamos en otras cosas más interesantes.

Tengo para mí que el fútbol ha sido durante muchos años el principal —quizás el único— elemento vertebrador de nuestro país. Fútbol y procesiones, *tié cohones* la cosa. Y alcanzamos el éxtasis como nación, el orgasmo colectivo más sonado, en el año 2010 con la consecución del mundial de fútbol en Sudáfrica, gracias a las paradas milagrosas de Casillas y al gol histórico de Andrés Iniesta. El culmen del nacionalismo español. Hasta los «indepes» catalanes se vieron en la obligación de unirse al común hispánico por cuanto que Andrés y varios jugadores más eran del Barça.

Aconteció, sin embargo, que un fenómeno inesperado, un movimiento ciudadano de protesta e indignación, cambiaría el panorama político social de España de pe a pa: el advenimiento del 15M y la creación de Podemos como partido político emergente en el año 2014. Su fundador, Pablo Iglesias, profesor de Ciencias Sociales y un verdadero alborotador social, sacudió las alfombras que tan celosamente ocultaban las vergüenzas indeseables de nuestra sociedad artificiosa, acomodada, desigual e injusta y nos dejó a unos perplejos, a otros encabritados y a todos con el culo al aire. A pesar de su afán de notoriedad, su exagerado ombligo y sus propias incongruencias internas, aquello supuso una afrenta en toda regla al país entero y a los medios de información; pero, sobre todo, a sus dirigentes políticos. No se hizo esperar la reacción. Desde las instancias más denunciadas y expuestas al escarnio, se orquestó una infame (?) campaña de rastreo, persecución y acoso a tal sujeto y a sus adláteres principales, con el único objetivo de desprestigiar y derribar a ese partido tan desarrapado y atípico —y bolivariano, por si faltaba algo— surgido de las noches oscuras del 15M. Y para más inri, Abascal, líder de Vox, ha sabido muy bien tocar la fibra sensible y patriotera de la llamada por él mismo «derechita cobarde», a fin de solivientarla en la animadversión al contrario. La confrontación estaba servida.

Y ya para rematar la faena, los medios de desinformación de uno y otro lado y las redes sociales se han ocupado muy eficazmente de propalar y alimentar tal confrontación política, y no solo eso, sino de llevarla a la calle, a la ciudadanía. Y de esta manera, en los años recientes hemos pasado de una sociedad pacífica y autocomplaciente a otra sectaria y crispada. Una sociedad de fachas y de rojos. Otra vez las dos Españas de Machado.

¿Y qué pasa con los ricos? Pues que tampoco los odio, claro que no. Es más, admiro a los buenos empresarios y a los ricos que no son avaros, que también los hay. Pudiera parecer una broma, pero a mí los ricos ricos, los ricachones que compiten por salir en las listas glamurosas, me dan un poco de lástima, de verdad. Sí, porque creo que no son felices. Se pasan la vida, tan corta, afanados en los negocios, las ganancias, los problemas con Hacienda, las huelgas de sus trabajadores, los sindicatos… Viven para el dinero y, sin embargo, no lo disfrutan porque les puede la avaricia, porque no se dedican tiempo para sí mismos.

En octubre, felizmente finiquitadas todas mis sesiones radiactivas, he pasado un finde de lujo con mi mujer y mis amigos del seminario en una hacienda rural en el Campo de Gibraltar. Hemos rematado la estancia almorzando en el hotel La Almoraima, en Castellar, un sitio maravilloso para gente del «taco». Por una vez… Más tarde, a finales de noviembre, unas jornadas de convivencia en nuestra casa del pueblo con los amigos de Sevilla. Y ahora, a mediados de diciembre, en pleno azote de Efraín, tres días de aguacero y jovialidad en Jaén y Sierra Mágina con mis amigos los republicanos. Unas auténticas gozadas.

La gente corriente disfrutamos de estos momentos sencillos de una manera extraordinaria, porque los gozamos de corazón, sin otro interés que la mutua amistad. Y a cuentagotas. La rutina resta glamur y satisfacciones. Algo de eso puede sucederles a los ricos: que siempre andan buscando el negocio, que se hastían de lo bueno, que se cansan del lujo. Dudo mucho que una reunión de ocio de ricachones que viajan en vuelo privado a Nueva York, Sídney o Pekín les produzca el mismo deleite que el de un encuentro de amigos de la infancia en medio de la nada, en un bosque pintado de alcornoques y de ciervos y degustando los sabores domésticos de sus cocinillas particulares. Desde luego, yo no cambiaría jamás el arroz de Frasqui, el tocino de veta de Miguel, los garbanzos con bacalao de Jaime, los judiones de Cantarero o el rabo de toro del Pintor por la más exquisita de las *delicatessen* de Dabiz Muñoz, por ejemplo.

Y lo peor viene después, en la otra vida. Que resulta que los ricos tampoco pueden ser felices por tener vetada la entrada al reino de los cielos. De manera que son infelices en la vida terrenal y en la celestial. Apaga y vámonos. Y ahora, parafraseando a Joaquín Sabina, ciertamente me da por pensar en aquello de que alguien pueda ser «tan pobre que no tenga más que dinero».

Muy bien, pero entonces —pregunto a mis amigos—, si estamos tan requetebién como estamos, ¿por qué motivo jugamos a la lotería de Navidad o compramos cuponazos de la ONCE? Y enseguida salta el Luna, que tiene respuesta para todo: «Por solidarizarnos con los ricos, llevamos toda la vida siendo solidarios con la gente corriente». ¡Ea!, y se queda tan pancho. Y cuando lo pienso en serio, yo disfruto fantaseando cómo iba a repartir entre familia y amigos un dineral regalado.

Cosa distinta son las grandes empresas multinacionales con las que tenemos más roce, verbigracia, las de telefonía. Naturalmente que no las odio, ni tampoco a sus dueños. Realizan una función social inimaginable hace solo veinte años. Sin ellas, no podríamos ver a nuestros nietos y conversar con ellos en la distancia merced a esa maravilla del *face time*. Pero no les tengo simpatía, es verdad, por aprovechadas y abusivas.

Mis hermanos me echan en cara que, siendo yo un podemita convencido, me preste sin remilgos a piratear una plataforma televisiva de deportes. «España no tiene arreglo porque somos todos unos chorizos», dice mi hermano Juan. «Llevamos la picaresca en la masa de la sangre», opina mi hermano Frasco. Y es verdad, de acuerdo. La cosa es que, sin darnos cuenta, todos actuamos llevados por los impulsos inmediatos de nuestra intuición.

Nos creemos seres racionales, y lo somos, pero también somos irracionales. Lo primero es la intuición. Dicen los psicólogos que la razón viene después, que es el instrumento que usamos para justificar nuestras decisiones tomadas ya de antemano siguiendo nuestra intuición. Y a mí no me sale de inmediato engañar al débil, al honrado, al cabal, al justo. No. Creo que no podría. Sin embargo, no tengo grandes reparos en defraudar al poderoso, al usurero, al indecente, al avaro. Siento, ciertamente, remordimientos cuando pago o compro en negro, por lo que supone de fraude a la

Hacienda pública. Enseguida lo justifico con lo de que el IVA es injusto, que está por las nubes, o con lo de que durante veinte años he estado pagando un interés del 17 % en el préstamo hipotecario y que ahora hago bien en resarcirme de tantísimo dinero distraído de mi bolsillo por la banca y la Hacienda pública. Justificaciones, de acuerdo, pero es que es así como funcionamos. Miramos por lo nuestro. Y en bastantes de las ocasiones que creemos obrar en bien de los demás, la realidad profunda es que componemos poses, imposturas y apariencias para alcanzar consideración, prestigio social. Sin embargo, me quedo tan pancho cuando pirateo los deportes. Piratear la plataforma deportiva, creo, no perjudica a Hacienda. Perjudica a unos propietarios y accionistas avaros que solo piensan en el negocio, que seguramente defraudan al fisco y guardan las ganancias debajo del colchón de cualquier paraíso fiscal. Todos somos unos chorizos, de acuerdo, pero unos somos choricitos, y otros, chorizones.

Pero no desvariemos. Estábamos con Amancio Ortega. A mí me parece estupendo que haga donaciones altruistas para la sanidad pública, amén de ser leal con el fisco. Me ocurre, sin embargo, que cuando veo escrito en cualquier sitio el nombre de Amancio, mi cabeza retrocede cincuenta y cinco años y me sitúa en el seminario de Hornachuelos, jugando al fútbol y queriendo parecerme a Amancio Amaro, el buque insignia del Madrid yeyé. Yo le disputaba la falsa identidad a Joaquín Baena, que también quería ser Amancio. José Pablo, nuestro amigo, era Pirri. Verdadera pasión juvenil por nuestros ídolos futboleros, de quienes conocíamos hasta su vida personal y familiar gracias al *Marca* que le distraíamos a don José María Lucena. En aquellos tiempos mozos, como sucede ahora, cada equipo de primera tenía en sus filas un par de jugadores que sobresalían por la excelencia de su talento. Y en el Madrid eran Amancio y Pirri, con Velázquez de cerebro; en el Atlético, Gárate y Ufarte; en el Barcelona, Pereda y Mendonça; en Las Palmas, Guedes y Gilberto II; en el Sevilla, Lora y Montero; en el Betis, Rogelio y Quino; en el Málaga, Migueli y Viberti; en el Córdoba, Crispi y Jaén… Bueno, bueno. Nos conocíamos todas las alineaciones de memoria. Así que no me sorprende nada lo poseído que está mi nieto Lucas con las estampitas y los álbumes de los futbolistas actuales. La vida sigue igual, o casi, porque él, Lucas, no es del Madrid, sino del Sevilla, y el chico, mi Daniel, del Betis y del Antequerano. Vaya por Dios. Lo cual, sin embargo, no quita para que esta tarde, 6 de diciembre, suframos juntos el partido de España-Marruecos del mundial de fútbol. Hay cosas que no cambian.

De «guarreridas» hospitalarias

En el capítulo anterior, cuando escribía sobre tocamientos de manos femeninas, me he quedado con las ganas de hablaros de un tema que en un tiempo fue comidilla en distintos mentideros sociales: las rijosidades médicas. ¿Qué es lo que hay de verdad y qué de leyenda en este asunto tan propio del chismorreo? ¿Han sido los hospitales centros de desmadre? Juan José, hombre de mundo, me cuchichea por lo bajo la de líos amorosos que tendrán «esta gente» guapa, ahí todos *arrebujaos* tantas horas. Para algunas personas sigue siendo un clásico lo de médicos y enfermeras. Veamos.

Debo decir, antes que nada, que yo no he sido nunca protagonista agraciado de tal asunto, porque en toda mi larga vida hospitalaria no he gozado de esta presunta prebenda médica, ni tan siquiera se me ha presentado, que yo sepa, ocasión propicia para ello. Dicen algunos que sí, que he tenido ocasiones, y muchas, pero que yo andaba en otras cosas y no me daba cuenta. Puede ser. Sí, se me vienen a la cabeza una residente de segundo año muy tocona y un pelín desvergonzada y dos chicas de quinto curso en prácticas. Me tenían devoción, sí, pero yo nunca pensé que la cosa pudiera ir por otros derroteros que los puramente asistenciales. Ya lo sabéis: yo, monocoño toda mi vida.

Y luego que en la actualidad existen tantas posibilidades y tantos espacios para aliviar la concupiscencia extramarital, que los hospitales han perdido por completo aquel pecaminoso y romántico glamur de antaño para el fornicio clandestino. En los treinta y un años que he trabajado en mi hospital de Valme, no he tenido conocimiento directo de ningún *affaire* de este tipo. No digo que no los haya habido, pero nada que ver con lo de antes.

No sucedía lo mismo en el hospital donde hice mis años de residencia entre 1981 y 1985. Allí sí había manteca, de la buena. Puedo hablar de aquello que yo he visto y vivido, no de otras tantas cosas como se cuentan y exageran en este tipo de asuntos calientes. Es un clásico hablar de las rijosidades de cirujanos y enfermeras en los despachos de los quirófanos. Pero insisto, no hablo de ello porque no lo conozco. Escribo de lo que sé a ciencia cierta. Y conozco de primera mano situaciones cercanas a mí de líos amorosos prolongados entre ellos y ellas, de citas y encuentros puntuales y buscados para determinados fines rijosos en despachos, de habladurías en los desayunos de la planta… Cosas que eran de dominio común. «Anoche, en la guardia, me tiré a fulanito». Y el tal fulanito solía ser un médico de relumbre, por ejemplo.

El mayor despelote, sin embargo, se producía cada año en la comida de empresa que se celebraba unos días antes de la Navidad. Yo asistí todos los años a la nuestra, la de medicina interna, naturalmente. Y he sido testigo de citas de sobremesa de varios médicos con enfermeras y auxiliares. No voy a decir que todos y todas, ni mucho menos. Sabíamos quiénes eran los más fogosos y las más atrevidas. Y al día siguiente era todo ello la comidilla sabrosa y picante en la planta. «Hasta el mismo don Eulogio, tan modosito, ha *mojao*», se oía por los pasillos. Y se veía como cosa corriente aquello de echar una cana al aire un día señalado al año.

Eran otros tiempos. Aquello resultaba atractivo en una sociedad pacata, que empezaba a sacudirse la moral nacionalcatólica imperante, por lo que tenía de morboso, de audaz, de transgresor. En pocos años, la adecuada y oportuna relajación en lo concerniente a la moralidad sexual ha dejado aquellas aventuras fortuitas en mantillas. Hoy no existen trabas psicológicas, ideológicas ni siquiera religiosas para poder enrollarse y revolcarse con quien cada cual desee y pueda. Tener sexo en un hospital se me antoja hoy como algo anacrónico, casposo, hortera. Estamos, pues, a años luz de aquellos sucesos. En los hospitales hoy se liga, puede que sí, pero para asuntos más carnales existen, afortunadamente, sitios mucho más confortables y atractivos. Lo otro es ya historia. Atrevida y picante, pero historia.

No es sitio para jóvenes

Me veo en este chaval. Le echo trece años. Flaco y desgarbado, como lo era yo a su edad. Empezando a hormonar. Esa edad basturrona en que los adolescentes se comportan como brutos entre ellos y como avergonzados entre los adultos. «En su barbilla / bebiendo sin mascarilla, / dos granos despachurrados / le delatan como pajillero consumado». ¡Ah, las pajillas…! Yo era versado en el tema, un vicioso. Una diaria, sin hora fija, lo mismo daba agazapado en los váteres del patio del recreo que en el monte infinito detrás de un alcornoque, que entre la calidez y nocturnidad de las sábanas. No contento con una masturbación al uso, al modo de zambomba, me inventaba novedades más excitantes y menos pecaminosas toda vez que no se hiciera uso de la mano, como culearle a la almohada doblada o meterla floja en el canuto de cartón del papel higiénico y dejarla agrandar dentro hasta reventar. *Semen retentum venenum est.* «No, si al final van a llevar razón los curas», me decía a mí mismo, «esto parece médula espinal *derretía*». Cada sábado, en la confesión semanal con don Moisés, acumulaba seis o siete pajillas, más que nada para no estar todos los días avergonzándome con lo mismo. Ni caso a los granos de la cara, ni caso al temible reblandecimiento de la médula, amenazas con las que los curas pretendían asustarnos. Pero toda la semana con el temor en el ánimo de la condenación eterna.

Hubo chavales en los Ángeles que ni se enteraron de lo que era la masturbación, por beatos, por miedosos o por estar en otras cosas más edificantes. Los hubo que incluso hacían penitencia infringiéndose lesiones corporales con el cilicio, cosa tremenda, oye, para muchachos de doce o trece años. Pero yo sabía de otros casi tan viciosos como yo. Se les notaba. Juan Bautista Barona, por ejemplo; toda su cara era una enorme espinilla. José Pablo Pérez, por ejemplo; espiaba a Isabelita, la muchacha de la limpieza, para verle las cachas cuando fregaba las escaleras cuerpo a tierra. Eran señales inequívocas de calentura sexual. Y yo me juntaba con ellos. *Pares cum páribus facilement congregantur.* Dios los cría…

En una ocasión, don Antonio Jiménez, en el confesionario, me preguntó en quién pensaba yo cuando me masturbaba. Muy turbado, le contesté que pensaba en Isabelita. «¿Y por qué en ella?», insistió. «Porque está *mu güena*», le dije azorado. «¿Muy buena para qué?», apretaba el prefecto. No sabía ya por dónde salir. «Dime, ¿muy buena para qué?», no se conformaba con mi silencio. «Para acostarse uno con ella», le solté finalmente.

Para entonces ya sería yo algo mayor, rondando los quince. Y ahora piensa uno en el sufrimiento emocional a que nos sometieron los curas de entonces con el dichoso tema del sexto mandamiento de los cojones. No es que los culpe, eran tiempos de austeridad en todo, hasta en el goce de los sentidos. Todo lo bueno era pecaminoso, todo estaba prohibido bajo pena de condenación eterna. ¡De buenas se han librado los chavales de hoy! Y bien que me alegro por ellos. Y me alegro también por este jovenzuelo zanquilargo.

Se han sentado su madre y él enfrente de mí. El muchacho, tímido, no aparta su mirada del móvil, por cuya pantallita sus dedos saltan ágiles como sábalos de río. Calzones cortos, a media pierna, y una camiseta del Barça componen su juvenil indumentaria. En esto sí que diferimos, y mucho. ¿Yo con una camiseta del Barça?

Ni muerto. Es su primer día. Resulta chocante un muchacho entre tanto vejestorio. Si está aquí, en espera de radioterapia, está claro que sufre un cáncer. Puede ser un linfoma de Hodgkin, un tumor renal —nefroblastoma, nada raro en jóvenes— o un sarcoma de Ewing… Una putada, en cualquier caso. Estoy por meterme con él y su camiseta, contarle cosas de nuestros partidos y nuestras peleas en el seminario a su edad, a cuento de la eterna rivalidad entre merengues y culés, pero alguien se me adelanta. Juan José se levanta y se acerca al muchacho.

—Hola, chaval. ¿Puedo tocarte la camiseta? —le pregunta con toda la guasa.

El muchacho lo mira como si tuviera delante a un enajenado. Ante la risa de los demás, accede.

—Vale, como usted quiera —responde serio.

—Es del Barça, ¿verdad?

Y, acto seguido, pasa su mano por la espalda del muchacho rozando apenas la camiseta. En un momento determinado y ante la general sorpresa, retira su mano de manera brusca y rápida.

—¡Macho, macho! —se dirige a la concurrencia—. ¡*Pos* no que me ha *dao* un *calambraso*, la *mu* cabrona!

Ahora el muchacho no puede aguantar la risa y se suma al coro de guasa de toda la sala. Me gustan las personas que tienen esa habilidad natural de romper el hielo, que poseen el don de la oportunidad, que conocen los secretos del hacer reír sin molestar, que han sido tocadas con la varita de la sensibilidad y la empatía. Siempre he procurado caminar por ese sendero de optimismo, aun a costa de bastantes imprudencias.

Y me disgusta mucho, me entristece, la enfermedad en la gente joven. No pega. No pega ese muchacho en esta sala. Ni pega una sala entera ocupada por muchachos. No. Este jovencito debería estar hoy en el instituto ganseando con sus amigos, quizás hasta mofándose del profesor chiflado que lleva los botones descolocados, perfeccionando las chuletas para copiarse o absorto en el dibujo que le está haciendo a su Isabelita particular. En cualquier sitio, menos aquí.

Nosotros, los seminaristas del seminario menor, a su edad —y sin móviles— montábamos cabañas y chozas en los acebuches y alcornoques de Sierra Morena; nos bañábamos en el arroyo Guazulema, alegre y saltarín, incluso en el temido Bembézar, nuestro gran río, severo y taciturno; comíamos naranjas California del huerto de los curas y almezas y algarrobas silvestres. Cosas de niños y adolescentes. Íbamos a la enfermería en casos de gripes febriles, y solo en muy contadas ocasiones nos llevaban los curas al ambulatorio para que el médico del pueblo nos recompusiera un hombro dislocado o nos pusiera una tablilla en la muñeca. Que yo recuerde, solamente vivimos un caso de gravedad por picadura de víbora, pero por fortuna todo quedó en un susto.

Mi nieto mayor, Lucas, con ocho años recién cumplidos, se ha operado de apendicitis aguda hace solo unos días. Aun conociendo la poca gravedad de este trastorno, siente uno congoja de verlo tan chico y ya padeciendo a su manera la separación de su casa familiar, la ausencia de su hermano pequeño, la angustia de verse en sitio tan temible como es el hospital, un lugar de hombres extraños disfrazados de verde y de mujeres de blanco que te cuecen a pinchazos por las mañanas… Viendo la energía y la salud que derrochan los niños sanos, siente uno cargo de conciencia por estos jovencitos que ya tienen que soportar el pesado fardo de la enfermedad. No hay derecho. Con frecuencia, las personas de edad provecta largamos fiesta de la juventud actual: que si ninis, que si blandengues, que si consentidos… Pero, en el fondo, queremos a nuestros jóvenes y no deseamos verlos sufrir.

Para eso estamos los viejos, para aguantar lo que nos venga. Hemos vivido lo nuestro y sabemos lo que ahora nos toca. Y lo aceptamos con desigual gallardía, unos más, otros menos. Pero los muchachos en flor… No y mil veces no. La Naturaleza, Dios de Spinoza, se ha equivocado en este asunto concreto. Si, por ahora, es ley de vida enfermar y morir, debería dejarnos vivir sanos y salvos hasta…, qué digo yo, pongamos los setenta. Y de ahí en adelante que nos eche a los leones. ¡Ojalá termine pronto y con éxito el calvario de este jovencito y el de su familia! Manque sean del Barça.

—Perdona, chaval —sigue el de Algaidas—, es que en mi pueblo *semos* casi *tos* del Madrid.

Los argentinos

No sé cómo sentarme, me duele el culo. Desde hace dos días empiezo a tener síntomas. Ya me lo habían advertido. Me duele el caño de la orina cuando toca mear; me duele el recto y el ano cuando voy a defecar. Incluso con su mijita de sangre y todo. Tengo lo que técnicamente se denomina cistitis y proctitis agudas de irradiación. Lo sobrellevo, pero empiezo a ser yo mismo: empiezo a acojonarme. Ya estoy haciendo aquello que no debo, aquello que desaconsejaba a mis pacientes: mirar en Internet y pensar en automedicarme. Al fin y al cabo, yo sigo siendo médico. Pero me aguanto, no sé hasta cuándo. Hablo de ello ahora con Manolo y con Juan José, en una situación parecida a la mía. Y me dicen lo mismo, que están muy molestos, pero que no hay más remedio que aguantar. A ellos ya les han recetado unos supositorios para aliviar los síntomas del recto, porque llevan varias sesiones más que yo y están más afectados.

—Lo que menos gracia me hace es la sensación constante de tener algo metido por el culo, como un palo —se pone quejoso Manolo.

—¿Como cuando te dan por culo? —se entromete, gracioso, Juan José.

—Una cosa parecida —dice el de Teba. Y nos reímos por detrás de las mascarillas.

—Es verdad —sigue Juan José—, menos mal que yo no he roto en homosexual, como otros de mi pueblo. Por mi culo no cabe ni el bigote de una gamba, como suele decirse.

Hoy han llegado dos argentinos por primera vez y nos miran con curiosidad intentando descifrar el motivo de nuestras risas.

—A mí me pasa igual —apostilla Manolo—, me molesta hasta el *ensorbido* de los supositorios.

Enseguida nos enfrascamos escuchando la conversación que mantienen estos dos argentinos, un hombre y una mujer, que se han encontrado casualmente en la sala de espera de nuestro turno. No se conocen, es la primera vez que se ven, pero como si fuesen familia. Juan José y yo metemos baza también.

El tema estriba en lo mucho que ha cambiado la vida en los últimos cincuenta años. Dicen que todo argentino lleva un filósofo dentro. O un charlatán, no lo sé. La cuestión es que antes las familias tenían cinco o seis hijos y ahora es raro encontrar una familia con más de dos hijos, salvo que sea de los kikos o que pertenezca a estas familias modernas de separados que se arrejuntan con hijos arrastrados de distintas camadas. Cuentan con su gracia particular anécdotas reales de abuelos que acuden a las fiestas de cumpleaños de alguno de sus nietos y que se arrebujan tantos primos de diferentes parejas que ya los abuelos no saben distinguir quiénes son los nietos propios y quiénes los agregados.

Salen a escena los problemas actuales, lo que cuesta mantener y educar a un hijo, las dificultades económicas y laborales de las parejas jóvenes, las pocas ayudas institucionales, el papel fundamental de los abuelos en la conciliación casa-trabajo y en el soporte económico... Se cambia el tercio y pasamos a los avances médicos y tecnológicos tan espectaculares, eficaces y efectistas de que disfrutamos en la actualidad, la de vidas que han salvado los muelles cardíacos *(stents)* y los trasplantes, la decidida vocación manifestada por el personal sanitario y no sanitario en la pasada pandemia… Y lo mal que se viaja en las ambulancias colectivas, apunta Manolo, el protestón. Se admiran los argentinos de la valentía de nuestros gobernantes, mostrada durante lo gordo de la pandemia y, sobre todo, con lo de haber despenalizado la eutanasia. Lo creen como un gran avance social y sanitario. Y, por el contrario, tachan a nuestro Gobierno de tenuidad en materia de laicismo. Ella, la mujer, dice conocer casos de estudiantes de secundaria que se estrellan una y otra vez contra los respectivos consejos escolares en su afán por retirar de los institutos cualquier símbolo religioso. Yo aprovecho la marea favorable para reafirmarme en que sí, que así mismo es. Manolo, sin embargo, al oír lo de la eutanasia pone cara de asco y los demás callan. Supongo que a quienes han visto de cerca la faz de la muerte les repele nombrarla. Desde luego, a ninguno de los presentes los veo candidatos a solicitarla.

Toca ahora el turno para analizar el nivel de vida. Aquí, los argentinos se explayan, no sé si por convencimiento auténtico o por dorarnos la píldora a los españoles. Que en España y en Italia es donde mejor se vive a su criterio. Y no es que lo digan ellos, sino que es sentir general entre los sudamericanos. Grecia no. Grecia es muy distinta en todo, sobre todo en el talante de las personas. Los españoles e italianos somos un encanto, mientras que los griegos son unos siesos. Unos malajes. ¡Lo que saben estos argentinos, niño! Hablan y no paran del patrimonio arquitectónico, pictórico, religioso y cultural en general de España e Italia y los comparan como equiparables. Eso sí, como la pasta italiana, ninguna. «Y como nuestro jamón, ¿qué?», salta Juan José. Y se ríen. Afirman que en Italia son mucho más marcadas las diferencias sociales y económicas entre el norte y el sur que en

España. Los italianos del norte son suizos o germanos, mientras que los del sur son mediterráneos, latinos, andaluces. Y que en España son menores tales diferencias.

Sin querer, pienso en mi hija. Cuando ella alcance la edad de estos argentinos habrá conocido, como ellos, el mundo entero. No he visto persona más viciosa de los viajes. Ver mundo. Desde luego, a mí no ha salido. A su madre, otra que tal baila. En la semana blanca de los maestros de la provincia de Málaga, a finales de febrero, ambas organizan viajes de escándalo a costa del erario del papi, claro está: Pekín, Nueva York, París, El Cairo… no tienen ya secretos para ellas. Y lo que les queda pendiente para años venideros: Buenos Aires, Canadá, Islandia, Perú, Costa Rica, Cuba… Con su marido y con sus hijos, mi hija ha recorrido Europa entera. Y lo malo es que los niños se han hecho ya a la costumbre. Daniel, el más chico, me dice con toda la gracia que atesora que este verano van a ir a Irlanda, «pero a la del norte, que la otra ya la hemos visto». Los pocos ratos de sofá se los pasa mi hija rastreando vuelos baratos en el móvil a ver qué puede repescar por ahí. Un caso. ¡Con lo a gustito que estoy yo en mi casa! Pero se lo merece, por la entrega y dedicación a su trabajo de docente, por la equilibrada exigencia en la gestión de la educación de sus hijos, por su capacidad de adelantarse a la realidad, de ver las cosas antes de que sucedan… Y por ser hija mía. Otra de esas imágenes que guardo en mi mente y que jamás olvidaré es aquella estampa tan emotiva del abrazo apretado y lloroso entre ella, su madre y yo cuando nos enteramos de la consecución de su plaza de profesora de Biología. Los pelos de punta.

En todo ello estoy cuando suena mi número por megafonía: «251, agua».

Agua significa en términos radioactivos que debo ir al váter, orinar lo que tenga, llenar una botella de agua de medio litro y empezar a beberla para terminarla en unos veinte minutos. Al cabo de ese tiempo, me llamarán de nuevo: «251, pase». La cosa es que debo llegar a la sesión con la vejiga ocupada por orina nueva. ¡*Pa* dentro!

Del condumio y las aceitunas

Estoy peor. Quizás por los «excesos» culinarios en Córdoba, no sé. Mi mujer y yo hemos aprovechado el finde para pasarlo en Córdoba con nuestros amigos del pueblo, Sebas, Nati, Araceli y Rafael, en la casa de campo de Frasqui y Pili. Días de sana y esperada convivencia y de excelente cocina. Pero tampoco ha sido para tanto, no creo haberme excedido. Esta gente son mis amigos de juventud. Sus historias de amor son bastante similares a la mía con la Peque, y sabe Dios que yo las relataría con todo detalle para vosotros si no fuera por la censura implacable e insobornable de mi mujer, celosísima en la custodia de su intimidad. En muchos de mis escritos procuro ir metiendo algunas cuñas en ese aspecto, pero ella enseguida las detecta. «Ese párrafo ya lo estás quitando. Entero».

Decía que no creo haberme excedido en el condumio. Para exceso, lo de los primeros días en que me llamaron la atención los técnicos porque llevaba muchos gases. La cosa es que para lograr que los rayos no afecten mucho a territorios contiguos, sino exclusivamente a la próstata, es muy conveniente acudir a la sesión libre de gases. Yo iba confiado por mi sobrada capacidad de expelerlos, pero, por lo visto, seguía teniendo bastantes. Y me regañaron. Y pensando el porqué de tanto gas, caí en la cuenta de que llevaba dos días seguidos almorzando lentejas. ¡La madre que me parió!

Soy un adicto a los guisos. Prefiero el cuchareteo al tenedor. En el tercer curso de Medicina, Pepe Osuna y yo acogimos en nuestro piso de estudiantes —avenida Virgen de los Dolores— a un muchacho boliviano, Gabriel, estudiante de Empresariales, un tío callado y circunspecto que no nos dio ningún problema, las cosas como son, pero raro de cojones. Tan raro que aborrecía el cocido. ¿Cómo se puede despreciar un cocido con todos sus avíos? Seis meses sin probar un cocido en el piso, oye. En el curso siguiente no repitió con nosotros, menos mal. Los dos primeros años de Medicina compartí piso con Frasqui, Antoñillo, Sebastián, Alfonso, un chaval majísimo de Sisante, y Vicente García, un estudiante «señorito». Y ahí sí que hubo guisotes de los buenos. Frasqui se reveló como un cocinero de categoría, tanto que muchos de nosotros preferíamos hacer faenas más coñazo, como fregar platos o barrer, para que él se dedicara en exclusiva a la cocina.

Fijaos en una cosa: cuando nos reunimos a comer con nuestra familia o nuestros amigos con motivo de cualquier celebración, lo rápido que engullimos. A mí me pasa como al comisario Montalbano: «Te invito a almorzar si, mientras comemos, callamos». Mientras estoy con el plato por delante, no me apetece charlar, solo menear la mandíbula y degustar con deleite, y mucho menos hablando de postres. Los chistes y los chismorreos, para la sobremesa. Entonces sí, lo que se tercie. ¿Y por qué nos pasa esto? En mi caso, tengo varias explicaciones. En los Ángeles, los curas nos obligaban a comer en silencio, puede quedarme alguna reminiscencia de aquel hábito. Por otra parte, aquellos que de niños no hemos padecido hambre, pero sí sufrido alguna «necesidad», solemos comer de una manera compulsiva, por si las moscas. Y, desde luego, los que hemos vivido en pisos de estudiantes, más aún, porque si no espabilabas te quedabas a dos velas.

O tal vez esté peor porque haya desaparecido ya el efecto beneficioso de los supositorios de corticoides que, finalmente, me autoadministré. El caso es que esta mañana he sido tocado por la tentación de las sábanas. No he dormido bien, me he levantado varias veces a orinar, con mucho dolor en el caño de la orina. Necesito dormir, descansar. Pero me he repuesto. Mi mujer me arrea, me anima con que ya queda poco: «Piensa si estuvieras sondado o, mucho peor, sometido al rigor y penalidad de la quimio…». Aun así, he llamado varias veces por teléfono a la consulta de radioterapia para quejarme de mis molestias y obtener de mi médica el permiso para saltarme, al menos, el día de hoy. En balde, pues desde que estoy en tratamiento no he conseguido ni una sola vez comunicarme por teléfono con la consulta. Agoto las llamadas sin respuesta. Otra de las flaquezas de lo público: teléfonos sordos o mudos. Ni escuchan ni hablan.

Total, que después de mi opíparo desayuno he tirado para Málaga. Ni siquiera he tenido ánimos para canturrearle a los montes según mi costumbre; me gusta cantar o silbar mientras conduzco. Llevo una temporada con *Ob-La-Di, Ob-La-Da,* de los Beatles. Otras veces me da por el *Tantum ergo sacramentum…* Mi madre se ponía nerviosa: «Voy más tranquila si conduces tú, este va siempre distraído con sus canturreos», le decía a mi mujer. Las sobremesas en el seminario de San Telmo, ya mayorcitos en Sevilla, las pasábamos en el cuarto de Pedro Soldado, el único que salió cura. Tomábamos nuestros cafelitos —yo, siempre té— con pastas escuchando en su tocadiscos las melodías cadenciosas de aquel *long play* de los Beatles cuya carátula los mostraba atravesando un paso de cebra. *The Road*, sí, así se llamaba. Canturreo muchos temas de los Beatles, quizás por el impacto de aquellas tardes de siesta en el cuarto de Pedro, donde yo me tumbaba en su cama aparentando dormir, ajeno a las charlas de mis amigos y con mi pensamiento puesto en aquella Araílla de Palenciana. ¡Ah, si yo pudiera contaros!

He procurado alejarme de mi cuerpo pensando en los pacientes que ayer tarde dejé dolientes en el pueblo. Si tuviese *bluetooth* de esos, podría llamarlos y se me pasaría más entretenido el viaje. Imagino que mi cuñada Conchi habrá tosido menos y descansado más, que mi vecino Enrique estará ya sin sondaje urinario, que la tita Ani se habrá hecho la analítica y que el chacho Frasquito esté tomando los antibióticos para su diarrea refractaria por un *clostridium difficile*. Es lo bueno —o la servidumbre— que tenemos los internistas, que entendemos de todo un poco. O un mucho. A mí me tocó un tiempo en que los internistas éramos médicos para todo, para lo raro, rarísimo, pero también para lo común. Hoy la cosa no es tan así, puesto que incluso dentro de la medicina interna se han creado áreas específicas de capacitación, y unos se dedican más a las enfermedades infecciosas, otros a las enfermedades sistémicas, las enfermedades raras, los factores de riesgo vascular, las alteraciones de la coagulación, etc. En el Reina Sofía, de residente, tuve unos maestros inigualables y luego, en Valme, ya de médico adjunto, unos compañeros de mi cuerda, esto es, internistas integrales, de los que le metemos mano a todo.

Pero tampoco puedo distraerme demasiado, que se me pasan por alto las señales de limitación a 80 y luego vienen las multas. Es bonita la bajada a Málaga. Me gusta más la panorámica por la autovía gratuita que por la de pago. Aun con sequía, los montes de Málaga son muy agradecidos. Llegando a Casabermeja, contemplo en un viejo olivar destartalado las figuras fugaces de unas mujeres que ordeñan con mimo los olivos. Últimos de septiembre. La aceituna de mesa.

Y me trae al pensamiento escenas tan propias de nuestros inviernos en que los aceituneros de ahora varean los olivos con bielgos y varas vibratorias para no lastimar el fruto y para no esquilmar el árbol de su futura trama. ¡Qué adelantos! ¡Con el esmero que mi padre ponía en el vareo! ¡Cuántas *enritaciones* en su cuerpo fragoso de manijero cuando veía dar palos descompasados a los olivos por parte de algunos aceituneros descuidados! Se lo llevaban los demonios. «¡Me cago en la puta! ¿No veis que estáis destrozando el olivo, por Dios bendito?».Y era verdad, un olivo perlado de azabache, con las ramas sometidas, casi desvencijadas por el peso del fruto es un espectáculo enervante, una obra de arte natural capaz de emocionar incluso al agricultor más hecho al campo. Para mi padre, todo lo que no fuese olivar era terreno desperdiciado. Un día, viajando conmigo, lo vi transfigurarse en la contemplación mística del olivar infinito que cubre como un manto aceituno todo el trayecto desde Alcaudete a Martos.

—Una cosa así parecida será el cielo, ¿verdad, niño? —me dijo emocionadísimo. Mi padre… Tan creyente, tan bueno.

El olivo era su árbol sagrado, el árbol del bien y del mal, no el manzano de la Biblia, sino el olivo, el que da sentido y orden a todo el campo, el emblema del campo andaluz, el juez insobornable que tasa la valía de un hombre: un buen aceitunero es un hombre cabal; de lo contrario, un maltrabaja, un vaina.

¡Ah!Y conmigo, el pobre, pinchó en hueso. Porque yo, a mis diez años, iba para vaina. Como castigo por no haber aprobado el ingreso en el seminario en mi primer intento por falta de urbanidad, me puso a coger aceitunas durante los fines de semana y las vacaciones de Navidad. A mi hermano Manolo también, con lo chico que era. Mi padre, manijero por entonces, nos vareaba un olivo bien cargado por la mañana y otro por la tarde. Nosotros recogíamos las aceitunas del suelo y las vaciábamos en un esportón grande, de por lo menos cincuenta kilos. Dos esportones llenos por día, dos chapas de cobre que nos daba nuestro abuelo Manolo, el chapero, una especie de moneda de cambio que luego en el cortijo se cobraba a veinticinco pesetas cada una. Cincuenta pesetas, para el pan y el aceite. Cinco años más chico que yo, mi hermano Manolo era tan afanoso como mi padre, le cundía el trabajo mucho más que a mí. Yo me avergonzaba y mi padre se desesperaba: «Ea, un muchacho que no vale *pa na…*». Y mi madre: «Hombre, no lo trates así… Por lo menos vale *pa* los estudios. Y, además, que el pobre ha pasado el tifus…». Hasta que en el curso siguiente, ya en el seminario, no viera mis primeras notas de sobresalientes no creyó que yo pudiese llegar a ser algún día un hombre de provecho.

Sigo conduciendo ya todo para abajo, tengo de frente las laderas de la cara norte, más frondosas. Cuando venga de regreso a Antequera se me ofrecerán las de la cara sur, áridas y pródigas en retamas, espartos y almendros silvestres. De particular belleza paisajística, el territorio de Cotrina y de Valladares, con sus bancales de aguacates y de mangos, sus cortijos —unos rehechos, otros desvencijados— y el cauce esquilmado, caprichoso y serpenteante del Guadalmedina. Según voy pasando, me fijo en un cortijo rehabilitado, precioso de verde y ocre, camuflado con el terreno, justo a la derecha, en la salida 136 de la autovía. Y pienso en comprármelo el día en que me toque un cuponazo de la ONCE. Si sus dueños no me lo venden, elegiré entonces otro cortijo grandioso, otrora fortaleza altiva, derrotado hoy por el implacable ejército de los días, La Cabrillana, a la altura del nacimiento del arroyo Gaén, en mi pueblo. Además de ese dispendio, tengo hecha, y varias veces retocada como si fuese un testamento, la lista de familiares y amigos a los que tendré que regalar cantidades variables de dinero según el grado de afinidad para con ellos. Un caso. Mis amigos, que lo saben, rara vez me llevan la contraria por el temor a que los borre de la lista. «¡A que te borro de mi lista!».

Intento escaquearme hoy de mi sesión. No por capricho, sino porque creo necesitar unos días sin «corrientes», que dejen en reposo a mi sufrida próstata. Me recibe mi enfermero Agustín, un hombretón apañado, amable y solícito.

—¡Ay, la carne de médico, qué blandengue…!

—De verdad que no, Agustín, es que me duele mucho… En serio.

—Mira —me tutea—, podríamos parar, sí, pero sabemos que estos parones pueden afectar de manera negativa a la efectividad del tratamiento. Mañana tienes visita con la doctora Villanueva; coméntaselo. Yo creo que te va a decir lo mismo que yo: aguanta, apenas te quedan seis sesiones. Te mandamos unos supositorios y unos analgésicos más potentes, y tú intenta aguantar.

¿Ves tú? Agustín es otro ejemplo de lo que es tener agrado en el trato. Eso es lo que uno espera de cualquier sanitario. Ya lleva uno media curación encima. Me produce tristeza y desánimo cuando observo, por el contrario, algunas actitudes de desapego o indiferencia hacia los pacientes o sus familiares por parte de algunos sanitarios, sobre todo médicos, como queriendo marcar distancia. Sudores me costó dulcificar un poquito el trato de un compañero de Valme, un médico joven de mi servicio, un hombre trabajador y clarividente en tareas clínicas y de investigación, pero áspero de talante, me cachis en la mar. Y es una verdadera pena que hombres tan valiosos puedan perder su don de «chamanes» por mor de un carácter avinagrado. Una de mis obsesiones como jefe de mi planta ha sido siempre conseguir un muy alto grado de humanidad y de empatía para con los pacientes y sus familiares.

Una mirada piadosa

En la sala de espera tenemos hoy una novedad. Una chica muy joven y guapa acapara la atención del personal habitual. Juan José, Manolo y yo nos miramos, cómplices. No es para menos. Hasta la misma anciana hierática que ni se mueve ni pía se ha girado para mirarla. La muchacha frisará los dieciocho, no más. Viene acompañando a su padre, un hombre muy cascado, en silla de ruedas. De respirar fatigoso, cara y piernas azuladas, el paciente se mantiene despierto gracias al oxígeno que le proporciona una bombona portátil adosada a la espalda del carrito. Seguramente, viene a tratarse de un cáncer de pulmón. Tiene toda la pinta.

La chica se deshace en atenciones mimosas hacia su progenitor, adoptando poses «peligrosas» sin echar cuenta de nuestras miradas intencionadas. Yo creo que no es consciente de la concupiscencia que despierta en nuestros ojos vidriosos de viejos verdes. Lo más llamativo son unos pantalones cortos, tan cortos que se le sale un cuarto de cachete por los lados y que dejan al aire un par de muslámenes firmes y a la vez trémulos, como de goma carnosa y calentita que hubiesen sido recién sacados del molde de la Navratilova mismo. Muy bonitos. En la calle es algo corriente, uno está acostumbrado, pero en el hospital… Como que no pega del todo. No sé. A uno, en cualquier caso, se le olvidan los males viendo estas cosas. Tanto Juan José como Manolo o yo mismo somos ya personas asexuadas, más ahora, con los «calambrazos» que nos endiñan en nuestros bajos, pero, aun así, la carne fresca siempre nos hace tilín a los hombres.

Recuerdo con cariño las recomendaciones de don Gaspar, el rector del seminario de Hornachuelos, previas a las vacaciones de verano: los enemigos del alma eran por entonces tres, a saber, el mundo, el demonio y la carne. No entendíamos bien los chaveas lo del mundo y el demonio, nos parecían cosas extrañas y lejanas, pero lo de la carne estaba clarísimo.

Por mucha instrucción antimachista que recibamos machaconamente la gente de mi edad por parte de nuestras hijas —cosa que yo aprecio, agradezco y procuro llevarla a efecto—, la testosterona manda lo suyo. Hace unos días estuvimos almorzando en un restaurante de Córdoba mi amigo el Pintor, su hija Sonia, nuestro común amigo Sebastián Cortés y servidor. Sin buscarla, tuve la fortuna de caer sentado frente por frente a una chica joven en otra mesa vecina, ella y su novio. No es que hiciera mucho frío, pero sí un poco de fresquito; yo llevaba tres mangas, para que os hagáis una idea. Y, sin embargo, la chica, guapísima, brazos y hombros al aire y un escote más que ostentoso. Incrementaban el glamur de la escena unas insinuantes bocanadas de humareda de un cigarrillo electrónico que agraciaban aún más su cara con un halo de misterio, de embeleso erótico, como en las películas. A la hora de la propina, generosa, expresé al jefe de sala mi agradecimiento por sitio tan privilegiado de mesa que me había procurado.

—¡Calle usted, hombre! —me susurró por lo bajini—. Esa mesa de enfrente me ha tenido desquiciados a todos los camareros. Desquiciados del todo. ¡La de veces que se han equivocado pendientes de la dichosa muchacha!

Los hombres, que *semos* así de calientes. Y luego, en la sobremesa, cuando ya no estaba la feliz pareja, discutimos sobre ello.

Ignoramos por completo al novio, ni nos fijamos en la ropa, si llevaba barba, si era aparente o feíllo… Nada. Y, por el contrario, de ella captamos cualquier detalle de su hermosa fisonomía, al menos yo. Eso no es machismo, decía el Pintor, sino pura masculinidad. Y Sebastián: «¡Hombre!, de toda la vida de Dios los hombres hemos mirado así a las mujeres, ¿no?». Vale. Muchas gracias. Pero hay que saber mirar sin molestar. Ahí está el quid. Aun así, observando a la chica, uno podría habérsela imaginado como, qué digo yo, profesora de instituto, enfermera, administrativa, tendera, dependienta o empresaria, que ha salido para comer con su novio. Una cosa normal. Pues no. Me reprocho a mí mismo haber puesto mis ojos una y otra vez en esa joven como un puro objeto de deseo. No lo apruebo. Ni mi hija tampoco.

La muchacha, la de la consulta de hoy aquí en Málaga, es un encanto, aparte de nuestras calenturas. «Papá, déjame la tarjeta que voy a echarla al buzón… Papá, te cambio de sitio, que no te dé el aire acondicionado… Papá, ¿quieres un poquito de agua?». Vienen de Torrox en ambulancia. Por entrar en conversación, Manolo se pone a averiguar en voz alta el gasto en gasolina que me va a suponer el tratamiento con mis idas y venidas en coche particular: veinte días por cien kilómetros al día son dos mil kilómetros; en total, unos doscientos euros. Por su parte, Juan José se ofrece a comentarle a la muchacha la dinámica del asunto aquí dentro. «Ah, muchas gracias, pero no se preocupe usted. Hace cinco años estuve también aquí con mi madre para tratarla de un cáncer de mama y me conozco bien todos los intríngulis. Muchas gracias, hombre».

Y ahora se para uno a pensar en la vida abnegada de esta jovencita, que desde tan pronto ha ocupado buena parte de lo mejor de su juventud y lozanía en el cuidado de sus padres muy enfermos. Y fijaos lo que son las cosas: por arte de intuición, mi mirada lasciva se torna ahora en mirada piadosa.

¿Qué es un internista?

La Medicina con mayúsculas es un ejercicio apasionante de servicio al otro, de filantropía, de entrega, de sentimiento de una misión sublime, de esfuerzo y estudio permanente. A quien siente así su oficio de médico le va a resultar poco relevante ejercerlo desde no importa qué especialidad. Desde cualquiera de ellas debemos ser médicos. Médicos, antes que especialistas; médicos, por encima de especialistas. Definía Cicerón al médico como *vir bonus medendi peritus,* y me emociono al escribirlo: «Hombre bueno experto en curar». Esta frase, hoy, se ha quedado anacrónica, evidentemente. Hoy hay más médicas que médicos. Bueno, rectificamos a Cicerón: «Mulier et vir boni medendi periti»; que se note que somos de letras. Y fijaos cómo el sabio romano antepone el adjetivo de *bueno* al de *perito*. Es verdad, no concibo a un médico que no sea buena gente. Los habrá, los hay, pero yo no lo acepto, por principio y porque lo dijo Cicerón.

Desde esta óptica, todas las especialidades son bienvenidas y necesarias, desde todas ayudamos a nuestros pacientes. Ninguna es más importante que otra, son todas, entre ellas, complementarias.

¿Qué es, entonces, lo que define a la medicina interna? La gente de la calle no sabe en qué consiste esta especialidad. En puridad, es la medicina troncal, la más antigua, de donde se han ido desprendiendo las diferentes especialidades médicas. Yo os digo en muchas ocasiones que los internistas somos los médicos que pretendemos saber de todo, que orientamos hacia un lado u otro, los que atendemos mejor a los pacientes añosos y pluripatológicos… Sin embargo, al internista no lo definen tanto los enfermos que pueda tratar, que son casi todos, cuanto la forma como los trata. El internista se interesa por el paciente en su globalidad y no solo en los aspectos físicos de la enfermedad, sino también en los psicológicos, familiares y sociales. Nuestra concepción de la medicina es la integralidad, la no fragmentación. De alguna manera, una concepción muy cercana a la del médico de familia, solo que nosotros trabajamos en el hospital con enfermos más necesitados de pruebas y de cuidados.

Como internista, por tanto, se comporta cualquier médico, no importa su especialidad, que asista a un paciente desde esa perspectiva abierta e integral, que se interese no solo por el órgano enfermo, sino por la persona enferma, que ponga los medios a su alcance para una asistencia de calidad y que no permita que el uso de la alta tecnología aplicada al enfermo despersonalice su actuación médica.

Por otra parte, me resulta enormemente atractivo el hecho de que otras especialidades puedan ahondar en unos conocimientos y en unas competencias específicas. Dada nuestra impotencia para abarcar el montante extraordinario de producción científica y técnica, cada especialidad nos ofrece la posibilidad de profundizar en aspectos concretos del enfermar. Y gracias a ellas podemos hoy favorecernos de sus avances y procedimientos terapéuticos. Sin el desarrollo de las distintas especialidades no sería concebible hoy nuestra sociedad del bienestar, por ejemplo. Por tanto, sea bienvenida, como todas las demás, la especialidad de radioterapia.

Y lo digo así porque esta mañana, en mi segunda consulta con la doctora Villanueva, se me ha ocurrido preguntarle qué fue lo que se le infundió en su día para escoger una especialidad tan «rara».

—Me gusta mucho la física —me contestó— y también conocer los fundamentos físicos del tratamiento radioterápico. Y, como ves, no nos falta tampoco el contacto con las personas.

Y entonces yo ya no tuve otra que confesarle mi condición de médico internista.

—Ya lo sabía —me dijo risueña—. Lo pone en tu historia.

—¡Anda, pues claro! Y yo queriendo pasar desapercibido…

De todos los médicos que hasta ahora me han asistido desde que estoy jubilado (cardiólogos, anestesistas, traumatólogos y urólogos), quien mejor historia clínica ha elaborado acerca de mis dolencias ha sido precisamente la doctora Villanueva, lo que menos podía uno esperar de una especialista en radioterapia. Para los internistas, la historia clínica es el documento fundamental en la asistencia a cualquier paciente. Debería serlo también para cualquier médico, pero, ya se sabe, en la actualidad las pruebas complementarias les han ganado mucho terreno a la anamnesis y a la exploración clínica en el proceso del diagnóstico. En la mayoría de las ocasiones, es obvio el diagnóstico de apendicitis aguda por la historia y la exploración abdominal, pero hoy ningún cirujano opera una apendicitis sin una ecografía que la confirme. Es la modernidad. En el Reina Sofía, en mis años de formación como internista, tuvimos grandes maestros en esto de historiar a los pacientes, y más tarde, en Valme, ya de adjuntos, mis compañeros y yo éramos unos verdaderos artistas en la confección de los historiales médicos.

Cada especialidad acapara tanto de reto personal y científico, es tan atractiva en su proyección asistencial e investigadora que yo no acepto la posibilidad de que ningún médico se pueda aburrir con ella. Cuando te metes de lleno en harina no echas de menos ninguna otra cosa. Me contaba un antiguo compañero del seminario su experiencia hospitalaria por una intervención de una hernia. La anestesista, mientras le inyectaba el somnífero, se le acercó al oído y le dijo muy quedamente, como susurrando: «Tú duérmete tranquilo, que yo velaré tu sueño». A mí me dicen eso y no es que me duermo tranquilo, es que me puedo morir ya si hace falta. Que una persona extraña, que no te conoce de nada, que es la primera vez que te ve, que posiblemente nunca más te vea, porque la anestesia es así, un visto y no visto, te diga esas cosas con tanta sensibilidad y cercanía es no solo para creer en la medicina y en los médicos, es para volver, de nuevo, a creer en Dios.

Por eso, si nuestra nueva amiga, la doctora Villanueva, ha escogido radioterapia ha de saber —y lo sabe— que se puede ser una excelente radioterapeuta sin renunciar al espíritu del médico de toda la vida, que se puede hacer muchísimo bien a los demás y se puede recibir toda la satisfacción del mundo haciendo que nuestros actos rebosen competencia, bondad y empatía. Por eso también soy muy malo a la hora de orientar a los futuros residentes que me piden consejo sobre por dónde tirar.

A todos les digo lo mismo: lo primero, la medicina interna. Pero si eligen otra especialidad, que no se dejen llevar por las expectativas del dinero, el currículum académico o la ostentación social, sino sencillamente por aquello que les cosquillea el estómago, por lo que les dicta su corazón, por lo que se sienten realmente atraídos. Y que, al estilo de Cicerón, entiendan nuestro oficio como un ejercicio incansable de preparación, compromiso y bondad.

Una historia tierna, de las de antes

Hoy vamos con retraso. Están revisando las máquinas. Un enfermero hermoso y de buen año, de esos que se rozan los muslos al caminar, nos ha informado del asunto. Vamos con retraso. Me da igual, yo ya venía retrasado por haber tenido que repostar en el surtidor de la Yedra. ¡Qué bonita la sierra por la mañana! Aun sin lluvia. Impresionan los peñascos soberbios y picudos sobre nuestras cabezas. Con cuatro gotas caídas, ya apuntan tímidos tapices de verdor entre los riscos. El claxon de un coche en espera me saca de mi abstracción poética tan mañanera. ¡Vámonos! Encima, me he entretenido más de la cuenta buscando aparcamiento. Mi gorrilla particular me ha fallado; llegas diez minutos tarde y ya no hay nada. Aburrido de entrecruzar calles, un motorista de Telepizza que me adelanta me señala con la mano un hueco perfecto que yo nunca hubiese visto. Se agradece un montón, tío.

En la espera, más prolongada de lo habitual, Juan José saca el tema de los bares y las tapas. Tiene mundo corrido, como ya dijimos. Se conoce bastante bien las tabernas y restaurantes de la comarca. Me habla del Cándida, El Ángel, El Retiro, Casa Reina, La Bombonera, Mesón Adarve, Lozano… Para su gusto, la mejor relación calidad-precio la tiene un restaurante del polígono de Antequera que se llama La Choza del Abogado, frente por frente de El Efebo. No lo conozco. Y sigue: «Pero, bueno, para tapeo de verdad, en San Sebastián». «¿Pero también conoces el norte?», le pregunto sorprendido. Y me cuenta que ha estado diez años trabajando en una fábrica de cemento que hay en Lasarte. Se conoce San Sebastián mucho mejor que yo, el tío guaperas.

La mujer del paciente nuevo de hoy le pregunta a Juan José si no tiene familia. «Tengo un hijo», le responde él. Se queda callado unos segundos y arranca de nuevo. La historia es entrañable. Su mujer y él no han podido tener hijos. En su día, se hicieron las pruebas pertinentes, con resultados normales en ambos. Les dijeron los médicos que todo estaba bien, pero que ellos dos tenían incompatibilidad de genes o algo así. Y se conformaron. Los vecinos de debajo de su casa, una pareja joven, tuvieron un niño que pronto se convirtió en la alegría de toda la calle. Con un añito de edad, el niño pasaba más tiempo en la casa de Juan José que en la de sus padres. El niño aprendió antes a decir Epi (Pepi, la mujer de Juan José) y Osé que papá o mamá. De manera que nuestro hombre y su mujer se encariñaron con él como si fuese su propio hijo. Y quiso la fatalidad que la madre biológica del niño muriera al año siguiente. Ese niño de dos añitos, imposible de ser atendido por un padre deprimido y volcado en exceso con el alcohol (recuerda un montón al padre de *Las cenizas de Ángela*), fue entregado por las autoridades sanitarias de entonces a los abuelos maternos, residentes en Cuevas Bajas. Pero fue imposible para ellos, porque el niño se negó a comer, se autolesionaba golpeándose contra las paredes, se metía los dedos para vomitar… Y solamente atendía a razones cuando Juan José y Pepi iban a visitarlo. «Yo quiero con vosotros, quiero con vosotros». Los abuelos claudicaron y el niño, finalmente, acabó en la casa de sus sueños, en la de Juan José y Pepi. El padre biológico aceptó de buena gana. Y aquí tenemos ya al niño, un joven de veintidós años estudiante de Sonido e Imagen en la Universidad de Granada. «Es nuestro hijo, naturalmente», se pone orgulloso Juan José.

El nuevo paciente de hoy es un hombre que viene a irradiarse el cráneo. Palabras mayores. En silla de ruedas y muy enclenque, parece, sin embargo, una persona afable y conversadora. Para conversadora, su mujer. No ha parado. Éramos cuatro personas nada más en la sala y a todos nos ha contado la historia desgraciada de su sufrido marido: que si ha sido un vicioso del tabaco, que si hace dos años tuvo un «reventón» de la vena aorta, que por poco si la espicha…, y que ahora tiene un cáncer de pulmón que se le ha ido *pa* la cabeza. Ya ha recibido varias sesiones de quimio y ahora le han mandado cinco sesiones de «corrientes» en la cabeza. Protesta por la tardanza de la ambulancia, por la tarjeta que no le han dado, por la mala información telefónica recibida, por el calor que hace aquí dentro. ¡Por Dios! Y yo con dos mangas.

Por animar la cosa, les explico el caso de mi amigo Antonio Palanco, en situación bastante parecida. Tuvo un cáncer de pulmón en estadio IV, el más severo, y se ha curado del todo, porque lleva diez años desde entonces vivito y coleando. ¡Diez años, eh! La mujer niega con la cabeza a espaldas del marido. «Con este no hacemos carrera», dice resignada. «Se niega a todo, no hace caso de nadie. No sabe usted lo que nos ha costado a mis hijos y a mí convencerlo para que aceptara darse las corrientes…». Y entonces saco yo mi vena filosófica y comprensiva, aunque poco convencido, diciéndole que el paciente tiene derecho a su propia autonomía, que debe decidir lo que él crea más adecuado según su situación y circunstancias, que para eso es el dueño de su vida y de su destino… ¡Toma ya! Me he pasado varios pueblos. «Eso que usted dice está muy bien, pero ¿cómo vamos sus hijos y yo a consentir que no quiera luchar para ponerse un poquito mejor? Eso es imposible, hombre». Me mordí la lengua.

Ya tuve mis más y mis menos con Antonio Palanco, un negacionista de la medicina alopática, un apóstol de la homeopatía que no aceptaba de ninguna manera darse quimio ni radio. Para mí fue un auténtico dilema si convencerlo o dejarlo a su criterio. Finalmente, entre todos sus amigos y yo conseguimos convencerlo. Diez años lleva vivo y, seguramente, nos enterrará a más de uno. Y este hombre, al final, también ha cedido a la presión familiar y social. ¡Ojalá sea para bien! Está tan calvo como yo y me pregunta si las corrientes en la cabeza le van a dar mareos o desmayos. Lo animo y le digo que no, que no va a notar nada, si acaso que quizás le crezca más pelo. Y nos reímos de buena gana.

Guiños a mi padre y a mi abuelo

Voy a poner a prueba a Juan José, que tanto parece saber de todo.

—A ver, Juan José, tanto que sabes… ¿A que no conoces el cortijo de La Capilla? —Y se me queda mirando un momento con ese gesto de sobrado que usan los sabiondos.

—¿Quién por aquellos contornos no conoce La Capilla, hombre de Dios? ¡Pues claro que lo conozco! —Y ahora se pone en actitud pensativa, como intentando recordar una fecha o algo así—. Mira, chaval —sigue en plan condescendiente—, creo recordar que sería por el año 63 o 64 cuando estuve allí con mi familia cogiendo aceitunas a destajo. Tendría yo diecisiete o dieciocho años, por ahí por ahí.

Ahora me puede la emoción pensando que por esos años pudimos haber coincidido en los mismos olivares, en las mismas estacadas, este buen hombre y yo. Él con dieciocho años y yo con diez.

—¿Cómo es eso? —le respondo muy sorprendido.

—Como lo oyes.

—¿Y dormíais allí, en las casillas de los aceituneros? —le insisto, ahora para ver si me está vacilando.

—¡Qué va! Teníamos una casa vieja en Las Cañadas de Pareja, muy cerca de allí, como sabrás. Y hacíamos vida en ella, claro.

Ya no albergo ninguna duda, este tío conoce de qué va la cosa.

—Pero, claro, no te acordarás de quién era el manijero de la cuadrilla aquella después de tantos años, ¿verdad?

—¿Que no me acuerdo? ¡Me cachis en la mar que si me acuerdo! Era un hombre duro, de campo campo, exigente y correoso. Pero un hombre cabal. Miraba por los olivos como si fuesen suyos, ¡qué hombre más afanoso! —Y vuelve a pararse para pensar—. Juanillo Poto lo llamaban.

A mí, con un nudo en la garganta, apenas me sale un hilo de voz:

—¡Mi padre!

—¿Cómo has dicho?

—Que Juanillo Poto era mi padre.

—¡¡No puede ser!! Pero… ¿de verdad me lo estás diciendo? Esta vez sí que lo he sorprendido. Y sigue extrañándose:

—¡Hay que ver! Ciertamente, el mundo es un pañuelo. *Joer, joer*. Qué cosas, qué coincidencia, ¿no?

—Bueno —le contesto algo más repuesto—, ten presente que tu pueblo está a tiro de piedra de La Capilla, tampoco es tan raro. He conocido en el cortijo a aceituneros que venían de Alameda, de Casariche, de Benamejí… Hasta de Pedrera, fíjate.

—Sí, sí, es verdad, pero no me digas que no es un sorpresón. —Y vuelve a quedarse pensativo, mesándose la melenita de por detrás del cogote—. Espera, espera. —Se me queda ahora muy fijo—. Entonces… —Duda por unos instantes—. Entonces el hombre que daba las chapas, Manolo, el Pensaor, que era el suegro de Juanillo, sería…

—Así mismo es, ¡era mi abuelo!

—¡¡¡Madre mía!!! —No sale de su asombro este hombre que siempre nos sorprende a todos—. ¡Con la de veces que yo, un chaval alegre y desenvuelto, porfiaba de bromas con tu abuelo para engatusarlo y que me diera alguna chapa de más! *Joer, joer, joer.* ¡Qué chico es el mundo!

—¿Y te daba las chapas de más?

—Pues ahora te voy a dejar con las ganas, no te lo digo, ¡ea!

Y sin apenas darnos cuenta, ajenos al resto del mundo, teníamos a toda la sala embobada, pendiente de nuestras historias de nostalgia.

Pan comido (y churros)

Hoy he llegado a la sala media hora antes de lo previsto. Me ha gustado juntarme con gente de otro turno por aquello del chismorreo y por conocer otras experiencias. Pero esta vez no me ha salido bien la cosa. No se cabía ni aun cubriendo todos los asientos, sin dejar ninguno vacío por lo del COVID. Bueno, desde el primer día nadie ha respetado esa norma, nos hemos sentado siempre en asientos contiguos. La mascarilla, sin embargo, es algo que no se nos olvida, oye. Hoy hay demasiado ruido. Prácticamente, dos turnos juntos, porque —ahora me he acordado— los jueves la máquina dos empieza más tarde. Se han hecho pequeños corritos de personas, de tres en tres o de cuatro en cuatro, y ya no es que cuchicheen, es que charlan casi a voces. Naturalmente, prefiero esto a la tristeza de los primeros días. La sala parece, por fin, una sala de espera cualquiera en cualquier consulta de cualquier hospital. Sobran, desde luego, los carteles en las paredes pidiendo silencio. Ni caso a las recomendaciones por megafonía de bajar el tono. Ahora sí veo a personas andaluzas departiendo casi con las mismas ganas que en un bar de pueblo o de barrio.

Por si faltaba algún otro aliciente, una mujer joven del otro turno se pone a vomitar. No había hecho más que llegar y sentarse y, ¡zas!, vómito bilioso con sus trocitos de churros y todo desparramado por el suelo. Mi primer impulso es levantarme para auxiliarla. Su marido nos tranquiliza: «No es nada, es que se marea en los coches, y hoy el chófer de la ambulancia parecía traer prisa». Enseguida se le ha pasado el mal rato a la mujer. Ya tiene otra cara. «Me he quedado descansando. Se conoce que no me han sentado bien los churros», dice la pobre.

Mientras las limpiadoras arreglan el desaguisado del suelo, no tengo más remedio que regresar muchos años atrás y verme sentado en aquellas furgonetas de Frasquito Gloria que nos llevaban al seminario de Hornachuelos y nos traían, y no precisamente con prisas. ¡Qué madrugones! ¡Qué horror! ¡Qué pestazo a gasoil! ¡Tres horas largas en llegar a Córdoba! Paradas obligatorias y cansinas en Benamejí y en Encinas Reales —¡de madrugada!— para que los chóferes se tomasen sus copitas de anís mientras organizaban los distintos coches y desplazamientos. Tiempos de Juan el Tropa, Bartolomé, Frasquito y Domingo, los chóferes, los dueños del negocio de «cosarios» furtivos. Con más frecuencia de la deseada se veían obligados a tomar rutas alternativas por las carreteras secundarias de Moriles hasta Montilla a fin de evitar los controles reglamentarios de la Benemérita. ¡Tres horas! Y una hora más hasta los Ángeles. Yo le tenía pánico al viaje. Vomitar dos o tres veces en el trayecto era cosa segura. Llegaba uno deshecho, para meterse en la cama. Una calamidad. Puedo deciros sin ninguna duda que esos viajes en los coches de Frasquito Gloria son el recuerdo más ingrato y aborrecible de mis años en Hornachuelos. Tanto era así que hubiese renunciado a mis vacaciones de Navidad o de Semana Santa con tal de no tener que viajar dos veces en tan corto espacio de días. Luego, con la edad, uno se va acostumbrando al gasoil, a las paradas, a las carreteras secundarias… A todo. A ver qué remedio. Y ya no me mareaba, menos mal.

Y ahí sigue, sin inmutarse por el alboroto de la mujer que acaba de vomitar, como si tal cosa, la abuelita callada de la esquina, al principio de la sala; la pobre, sigue sin piar. ¡Ah, la soledad! ¡Qué mala compañera! Y me da por pensar qué habrá de ser de esta mujer, triste y solitaria, en los días que le resten de su vida. Y qué será de otras personas, como en este contexto del que hablamos ahora, a las que conocemos tan fugazmente. ¿Qué pensarán ellas mismas de mí, observador cotillero, quién sabe si ocultamente observado? Me agrada pensar en mí mismo como persona amante de una soledad de momentos, pero que espera pronta compañía. Podría vivir en soledad permanente, no me caben dudas al respecto, pero entonces no sería la mía una vida dichosa. Necesito a la gente, a las personas, verles sus caras, mirarlas a sus ojos, reparar en sus expresiones, en sus arrugas, en sus risas, en sus tristezas… Necesito compartir. Y no sé el porqué de esta necesidad. Tal vez por haber sido criado en un pueblo chico y entre tantos hermanos de familia humilde y necesitada; quizá por los años de internado entre tantos jóvenes pajilleros; acaso por mi formación y educación clerical, siempre orientada a la atención a la gente. En cualquier caso, me considero una persona sociable, amistosa y amigable.

Al cabo de un rato suena por megafonía la melodía de «por ser una chica excelente…». Le dan el alta a una mujer de Alameda con un cáncer de mama, que ya ha completado todas sus sesiones. Sale, gloriosa, desde la sala de máquinas y todo el mundo se pone de pie para cantarle y aplaudirle. Resulta un momento muy emotivo para todos. Para ella porque ya acabó todo, a Dios gracias; para los demás porque ya va quedando menos, como en la mili. Una menos. Me cotillea mi amigo Juan José que esta mujer es la dueña de un bar de Alameda, uno que está justo por debajo del cuartel de la Guardia Civil. Sé a cuál se refiere. Alguna vez he estado ahí tomando algún refresco, creo que cuando mi yerno, Pepe, y mi nieto Lucas participaron en unas carreras callejeras. Es muy gratificante terminar un tratamiento de este tipo, sobre todo si ya no tienes que emprender otro, como creo que será el caso de esta mujer y, desde luego, como creo que será el mío propio. Me quedan solamente tres sesiones. Pan comido.

Al salir, me he comprado en el Hipercor un *brioche* con pasas, unos lazos de hojaldre y chocolate y un plato envasado de macarrones a la boloñesa. Mi mujer me espera para almorzar con unas albóndigas en caldo de mayonesa, buenísimas, pero es que ya es el tercer día de lo mismo. Porque ella, cuando cocina, lo hace para los siguientes tres o cuatro días, como ocurrió cuando las lentejas. Pues hoy comeré macarrones. Un poco más abajo del Hipercor, en la misma acera, hay un restaurante con una pinta buenísima. A la ida me entran unas ganas terribles de entrar a desayunarme unos churros con chocolate. Y lo haría de buena gana si no fuera porque llego *jartito* de mi desayuno casero, realmente insuperable. Cada día me digo que mañana vendré en ayunas, pero nunca lo cumplo. A la vuelta, me voy a quedar con las ganas de probar el menú del día, porque no lo sirven hasta pasadas las 13:30 horas, y a esas horas ya estoy en Antequera. Cocinar solo para dos se está convirtiendo en una tarea casi accidental, anecdótica, para mi mujer y para mí. Resulta mucho más operativo, incluso más económico, comprar un menú para llevar en la tienda de José Arjona (José Gabriel) o los restaurantes Reina o El Puente, en el Tejar. Porque nosotros dos comemos perfectamente con un solo menú.

¿Bienaventurados los pobres?

«Ya me quedan solo tres sesiones», le digo al gorrilla del aparcamiento. Es un hombre de mediana edad, de muy malas trazas, quemado del sol y de boca desdentada. Es hombre de pocas palabras, le cuesta responder a los buenos días alegres y sonoros que yo le ofrezco cada mañana y responde casi con un rebuzno ininteligible cuando me despido al mediodía. «Hasta mañana, amigo», le digo. «Hum», es lo que yo entiendo que me contesta. No sé por qué, quizá me haya tomado ya cierta confianza, hoy me ha explicado que el terreno del *parking* es del Ayuntamiento y que él y otro compañero están contratados durante toda la mañana. Cada tique vale un euro, así que cuantos más tiques ponga, más gana, claro. Pero de todo lo que recauda, la mitad es para él y la otra mitad para el Ayuntamiento. Igual para su compañero. «Pues me lo tendrías que haber dicho antes, hombre de Dios, porque yo creía que era todo para vosotros. De haberlo sabido, te habría dado 1,50 y así te embolsarías un euro entero». «La verdad es que buena falta me hace, porque esto da para comer, sí, pero es que tengo cuatro chiquillos y ya sabe usted lo que necesita un crío hoy en día…».

En el camino de vuelta vengo pensando en esto de la precariedad de este hombre y de tantos otros como él que malviven en las grandes ciudades. En los pueblos no pasa lo mismo, creo yo; hay más cohesión entre vecinos y familiares y más ayudas del tipo del PER y del subsidio agrario. Creo que un pobre vive con menos estrecheces en un pueblo pequeño que en una ciudad. Y sin ser pobre, también. Se me viene al pensamiento, a bote pronto, lo bueno que es mi pueblo para estas cosas solidarias. Tendremos muchos defectos, como cualquiera, pero somos muy buenos en el tema concreto de la acogida a extraños o distintos. Sirva este ejemplo como nuestra: en una misma calle viven dos familias extranjeras, una rumana y otra marroquí. Aparte de estar ambas familias completamente integradas, cuando los vecinos detectan en ellas dificultades por trabajo o por enfermedad, se vuelcan con todo y cuidan de los críos chicos, que en esos días dificultosos hasta comen en las casas de los vecinos.

Y hablábamos de las ayudas oficiales, que sí, que es verdad que se abusa de estas ayudas, pero creo humildemente que es un mal menor. Los humanos tenemos la grandeza de inventar grandes y solidarias ideas, pero también la ruindad de corromperlas. Y solemos vivir siempre en ese alambre escurridizo que casi siempre tiende a caer más para lo de uno, para su propio beneficio, quizás pensando aquello de que la caridad ha de empezar por uno mismo. Alguien decía aquello de que él no se consideraba igual que los demás, porque veía que toda la gente solo piensa en lo suyo, mientras que «yo solo pienso en lo mío». Pues eso.

Todos deseamos políticas de apoyo a los pueblos y al campo porque pensamos de verdad en lo necesario —y en lo mal pagado— que es el sector primario. Y consideramos oportuno y justo el montante destinado a las subvenciones a la propiedad agraria con independencia de si dicha propiedad aprovecha bien o regular todos los recursos de que dispone. Y, sin embargo, ponemos el grito en el cielo cuando observamos a personas determinadas que cobran el subsidio agrario de una manera fraudulenta.

Nos pasa a todos. Somos jueces severos con el débil, y complacientes con el poderoso. Desde luego que yo no defiendo el fraude, claro que no. Nada más lejos de mi ánimo que fomentar la cultura de la vagancia. Mi padre se removería en su nicho. Solo intento poner las cosas en su adecuada perspectiva. Hay gente capaz de encontrar sobre la marcha un montón de razones para justificar la obsesiva ambición lucrativa de nuestro rey emérito, paladín que debiera ser de ejemplaridad, y, por contra, fustiga sin piedad al vecino de su calle que, supuestamente, se ha comprado un coche nuevo con el dinero del paro.

Pero antes de seguir con toda esta perorata, quiero aclarar que estas reflexiones que hago aquí son sentires más que pensares. No emergen de mi corteza prefrontal, sitio cerebral del pensamiento reflexivo, sino más bien de mi sistema límbico, el corazón del cerebro, como si dijéramos. No siempre coincide lo que sentimos con lo que pensamos. Y yo pienso que los abusos en este campo de las ayudas constituyen un fraude de ley, pero siento que, aun con ellos, son medidas necesarias que tienen que ver con el asunto de la justicia social. Sin olvidar que, según datos recientes de la Organización para la Cooperación y el Desarrollo Económico (OCDE), un organismo compuesto por treinta y ocho Estados, el 20 % de los hogares más ricos de España recibió del Estado más del 30 % de transferencias, mientras que al 20 % de los hogares más pobres solo fueron a parar el 12 % de las ayudas. Un dato a considerar.

El subsidio ha servido para mantener a la gente en sus pueblos respectivos; para que no haya en ellos pobres de «solemnidad», como sí los hay en las ciudades; para que, por una vez, a lo largo de tantos siglos de esclavitud, el jornalero andaluz disponga de un recurso mínimo que le permita decir no; para embellecer nuestras casas y nuestras calles; para lograr una sociedad del bienestar para todos. El dinero del subsidio se queda en el pueblo, en las tiendas, en el campo, en los talleres de coches… En definitiva, sirve para avivar la economía local. Gracias a él, ya nadie en los pueblos debe nada «fiado» en las tiendas de ropa ni de comestibles. Nadie en los pueblos pequeños pasa necesidad, nadie precisa del banco de alimentos. Es un dinero que se mueve, que no se queda bajo el colchón ni en ninguna caja fuerte.

Ciertamente, todo eso se podría y debería conseguir de igual modo sin trampas, es verdad. Lo suyo sería, sin duda, un control más eficaz por parte de los sindicatos del campo y por parte de los técnicos de empleo. Y no apruebo que personas bien situadas económicamente aprovechen resquicios más o menos legales para cobrar un dinero que en puridad no necesitan. Sin embargo, soy mucho más benévolo con el engaño que puedan cometer personas realmente necesitadas, aunque no cumplan los requisitos legales para cobrar esas ayudas.

Todos conocemos a personas sin oficio ni beneficio que se apuntan al PER o que solicitan peonadas falsas para poder cobrar el subsidio, y las tachamos de vagos y de maltrabajas. Puede que sea así. En el peor de los casos, ese dispendio se me antoja el chocolate del loro. En mi pueblo conozco de cerca a una persona de esas maltrabajas. Pues esa persona cumple una labor social muy importante, en cuanto que es el cuidador principal de su padre anciano y enfermo. Labor, por supuesto, no remunerada. Labor que está ahorrando el salario de una cuidadora a cargo del presupuesto para la dependencia, por ejemplo.

O tantas mujeres que son criticadas por apuntarse al PER para barrer las calles y cobrar una ayuda. Habría que considerar que esas mujeres no cobran por barrer las calles ni por realizar cualquiera otra labor para la comunidad, sino que lo hacen, a mi modo de ver, por haberse tirado toda su vida trabajando en sus casas respectivas, criando niños, cuidando de abuelos, sosteniendo con su austeridad la economía familiar y sin cobrar un duro. Pues ahora les ha llegado el sueldo, aunque sea en diferido, como diría nuestra virtuosa y elegante María Dolores de Cospedal. Quizás en este punto convendría recordar que muchas de esas mujeres, hoy bien posicionadas merced a tumbos favorables en sus respectivos destinos, son unas analfabetas funcionales porque con diez y doce años no calentaron ningún pupitre, sino que se arrodillaron debajo de los olivos y portearon esportones de aceitunas sobre sus infantiles cabezas. Quiero decir que, con mucha más frecuencia de la deseada, cuando miramos a los demás solo buscamos —y encontramos— defectos, que somos muy ágiles en detectar las debilidades ajenas.

En un mundo imperfecto y egoísta como este en el que transitamos, un mundo en el que, como dijimos atrás, cada uno mira por lo suyo, salvo yo, que miro por lo mío, prefiero al defraudador de lo poco, que lo hace para vivir, en vez de al ambicioso de lo mucho, que vive para amasar y defraudar. Prefiero al choricito antes que al chorizaco.

¡Mira que lo intento! Y lo que me cuesta entender el pensamiento de estas personas —muchas de ellas de mente esclarecida— que se denominan neoliberales. Sí, estas personas que proclaman eslóganes muy pegadizos —y terribles, si se me permite el término— como los de «más libertad y menos Estado», «el que no trabaja es porque es un vago», «los impuestos son un robo», «el dinero donde mejor está es en el bolsillo de la gente»… No lo entiendo, de verdad. Por el contrario, yo creo que el dinero donde mejor está es circulando por ahí, de bolsillo en bolsillo, como decía aquella copla de *La bien pagá*: «… como la *farsa monea*, / que de mano en mano va, / pero nadie se la *quea*». Mi mujer es un ejemplo paradigmático de cómo hay que manejar el dinero: gastándolo. Tengo un pariente muy cercano que se declara a sí mismo como un anarcocapitalista, esto es, un capitalista absoluto, sin límites ni control por parte de un Estado recaudador y liberticida. Claro, que tampoco este pariente me comprende a mí, hombre de bien, de familia de orden, y que haya salido tan rojo… En fin, al final tengo que recurrir a la famosa frase del torero Rafael Gómez, el Gallo: «*Tié* que haber gente *pa to*».

«Bienaventurados los pobres», nos dijo Jesucristo, «porque de ellos es el reino de los cielos». Y nuestros curas, luego, nos han inculcado sublimar la pobreza y el sufrimiento en aras de la fe en la otra vida. Y uno —qué queréis que os diga— piensa que no, que bienaventurados somos nosotros, los que no tenemos que echar cuentas de lo que nos cuesta un desayuno en un bar o la gasolina para venir a Málaga durante veinte días seguidos, los que deseamos una mejor vida, una vida digna para todos aquí y ahora. Me imagino con cierta sorna a este hombre, este gorrilla, que no hará en todo el día otra cosa que no sea añorar, como santa Teresa, su ingreso prematuro en el reino de los cielos.

Maratón radioactivo

Hoy he tenido dos sesiones en el mismo día, una por la mañana y otra por la tarde. El caso es que me faltan solo tres. Mis cuentas eran acabar el próximo martes, día 4 de octubre, pero resulta que durante varios días de esa semana las máquinas estarán paradas por motivo de revisiones periódicas. Por ello, hoy, viernes, me darán dos sesiones, y el lunes próximo, la última.

Esta mañana la subida por Las Pedrizas es de película de fantasía. Los montes de enfrente humean nubecillas de agua tierna, como de algodón deshilachado; por mi derecha, densos nubarrones grisáceos cubren las sierras del Torcal como si de un edredón nórdico se tratase. Y, por arte de birlibirloque, al hacer cumbre, la atmósfera limpia y despejada nos indica que entramos en otro mundo, en otro clima, en otro ecotono, que dirían los geógrafos. En efecto, el puerto de Las Pedrizas constituye, de hecho, la frontera natural —aunque no administrativa— entre varias provincias. El viajero que viene desde Córdoba, Sevilla o Granada no notará que circula por tierras malagueñas hasta no toparse con la mole formidable de la sierra de la Yedra y atravesar Las Pedrizas. Porque, a fin de cuentas, la Vega y los Llanos de Antequera, en el surco intrabético, no son otra cosa que la continuidad del olivar de la subbética cordobesa, de las llanuras de La Roda o de la fértil vega de Loja. Y después de más de dos semanas transitando por la misma carretera, hoy advierto por vez primera, al paso por Casabermeja, uno de aquellos emblemáticos toros de Osborne que, cual torres vigía de los almohades, oteaban el horizonte desde las lomas más características y vistosas de nuestras carreteras nacionales. Uno de ellos, que ha sobrevivido. Ni siquiera Coca-Cola ha tenido alguna vez entre sus muchas y geniales ideas de propaganda una tan acertada, magistral y evocada como esta nuestra de Osborne.

La sesión de mañana no ha tenido mucho de particular. A Adela, la mujer que va por detrás de mí, la del cáncer de mama izquierda, y a mí nos han advertido que debemos acudir el lunes próximo a muy primera hora, a las ocho de la mañana. La última. Hoy nos han colado antes que a Juan José y Manolo, siempre por delante, y nos tachan de enchufados. «Que no, hombre, es que hoy tenemos sesión doble y deben pasar al menos seis horas entre una y otra». Acabo esta a las once y me han citado para la próxima a las cinco de la tarde, hora taurina. Se me acaban los días entre ellos y no hemos vuelto a ver al muchacho aquel de los trece años, el de las espinillas en la barba. A lo mejor han sido pocas sesiones o lo han cambiado al turno de la tarde. No lo sabemos.

Me despido de mis compañeros de fatigas. De Juan José, de Manolo, de la mujer hermosa de Antequera, de la abuelita que no pía, de otro hombre de Vélez con un cáncer de recto, del paciente de las metástasis cerebrales y de su señora la parlanchina… Ya no los volveré a ver más; ellos no tienen sesión hasta el próximo jueves. Uno está deseando que llegue el día de la despedida, pero ahora se me atraganta un poco la saliva. Han sido buenos colegas durante pocos días, pero días muy especiales, días de unión en la adversidad, de caminar juntos hacia la curación. O en eso estamos. Juan José me pregunta mi dirección de Antequera. Nunca he usado tarjeta, se la digo de palabra. «Coño, vives en el sitio de los señoritos», me regaña. Es así de guasón y de espontáneo. En fin, tengo que irme ya, la tarde me espera.

No, no vuelvo a Antequera. Demasiado coche para tan poco tiempo. Me he quedado en el piso de mi sobrino Javier, por la zona del Martín Carpena. Nos hemos zampado un buen plato de pollo en salsa de setas con su huevo frito y todo; no lo ha preparado él, desde luego que no, ha sido Melo, su mujer, que se ha ido a trabajar sobre las dos y nos ha dejado solitos, a nuestra bola. Y de postre, unos pastelitos que me he mercado en una panadería de aquí al lado. Una horita de siesta —cosa sagrada para mí— y vuelta al tajo.

Mientras callejeo en el coche siguiendo las instrucciones detalladas del «tontón» para dar con el hospital, pienso en mis sobrinos: Javier, Juanma, Juanri, Juan el dentista, Antonio Villalba, Carmelo, Juan el Chili y Frasco Cabrera. Solamente en los varones porque se me viene al pensamiento la terrible, la incomprensible guerra de Ucrania. Nunca podríamos habernos imaginado algo así. Nunca esperábamos una catástrofe como la pandemia, pero al final uno reconoce que hay fatalidades biológicas, atmosféricas o de otra índole que no está en nuestras manos prevenir o evitar. Pero, por Dios bendito, ¡una guerra en nuestra Europa civilizada! Inconcebible. Eso eran cosas propias de gentes muy lejanas, del fanatismo musulmán o del interesado intervencionismo del Imperio. Y, sin embargo, llevamos ya más de un año con esta pesadilla. Y al final uno se acostumbra y nos quedamos medio anestesiados sin sentir ya tanto enojo, tanta indignación como cuando comenzó. Es triste, muy triste. Acierta nuestro papa Francisco al predicar que uno de los pecados más vergonzantes del hombre moderno es la indiferencia. Me entristece el chavalito del Barça con un tumor donde sea, no quiero ni pensar que pueda morir cualquier mes de estos, incluso antes de las campanadas del nuevo año. ¡Qué horror! Pero más aún me entristece ver a tanto ruso y ucraniano morir por nada provechoso, morir por la fuerza y voluntad de otros, por la ambición y megalomanía de un descentrado.

De extenderse —Dios no lo permita— esta maldita guerra a los dominios de la OTAN, mis sobrinos podrían ser reclutados, como lo están siendo tantos jóvenes rusos y ucranianos. No hay derecho. Ya que parece que la humanidad no concibe su paso por un mundo sin guerras, al menos deberíamos conseguir entre todos que los combatientes fuesen voluntarios, nunca obligados. ¿Quién es nadie para mandar a la muerte a nadie contra su voluntad? Es que no me cabe en la cabeza. Hubo tiempos, claro que sí, en que el sentimiento patriótico, ideológico o religioso, la lucha por la supervivencia o el ánimo belicoso y aventurero llevaron a muchos jóvenes a la contienda. Siempre que sea por voluntad propia puedo admitirlo.

Recuerdo a mi madre cantándome el himno de Infantería mientras me despiojaba en las siestas eternas del estío bajo la sombra de la parra del patio de mi abuela. Había una estrofa que me inquietaba: «Y por verte querida y honrada (a la patria) / contentos tus hijos irán a la muerte». Terrible. Ir contento a la muerte por honrar a la patria. Yo alucino. Pero, insisto, lo acepto. Desde luego que yo no lo haría, yo no iría a toparme con la muerte por defender unos valores que entiendo anacrónicos y vacíos. Me he pasado media vida luchando para alejar a la muerte de la gente. Quienes proponen las guerras no piensan, precisamente, en la patria. Pero, en fin, lo acepto. No lo comprendo ni lo respeto, pero lo acepto. Siempre que sea una opción voluntaria, pero obligar a un joven a ir a la guerra… Estamos locos, de verdad. Para mi forma de ver las cosas, preferible es ser invadido sin oponer resistencia, y luego ya veremos qué hace la comunidad internacional contra el invasor, que tener que soportar la responsabilidad de miles de muertos a tus espaldas.

La sesión de tarde, al menos esta tarde, me ha resultado muy distinta a las habituales de la mañana. La mayor parte de los pacientes son mujeres jóvenes con cáncer de mama. Es probable que a la gente más joven la citen por la tarde para que pueda conciliar trabajo y tratamiento. Hay una abuelita con un cáncer de recto y un hombre mayor, muy descuidado, con un cáncer de lengua que le tiene la cara deformada. No he podido evitar, viendo a este hombre, el recuerdo de mi abuelo Manolo ya en sus últimos años. Yo estudiaba tercer curso de Medicina en Córdoba y mi abuelo había desarrollado un cáncer de piel muy agresivo. Le comía gran parte de la cara en el lado derecho, desde la oreja hasta lo hondo de la mandíbula. Dada su edad, el médico del pueblo, en aquellos años, recomendó solamente curas locales con antisépticos y epitelizantes. Una herida permanentemente abierta donde, en sus descuidos de anciano, encontraban las moscas un hogar que ni pintiparado para criar su prole de gusanos. Una cosa muy desagradable, como podréis imaginar. Me lo llevé a Córdoba, al hospital provincial. Le radiaron la herida y luego le operó el único cirujano plástico de por entonces, don José María Cabrera. Le colocó un injerto de piel sacado del muslo de mi abuelo. Cicatrizó y funcionó muy bien hasta su muerte un par de años después.

El ambiente esta tarde es bastante más distendido y participativo que el nuestro de las mañanas. Se nota un montón la influencia positiva del gineceo joven. Se conocen, se tratan con la familiaridad de amigas, una consulta médica cualquiera.

—¿Usted es nuevo? —me pregunta una de ellas.

Y les explico mi caso.

—¡Anda, entonces ya termina usted el lunes! ¡Qué bien! Desde luego que sí.

La definitiva

Nos amanece en la Yedra. Las claras del día. Hoy, última sesión, me acompaña mi mujer. Debemos estar en el hospital a las ocho de la madrugada. Tan temprano vamos que las montañas del Torcal aún no se han desprendido de las sábanas grises con las que se arropan para pasar la noche. «Sema, déjate de canturreos gregorianos y dale caña, que no llegamos». No era nada gregoriano, estaba cantando aquella de *Apóstol de Andalucía*, referida al beato Juan de Ávila.

La Peque, siempre refunfuñando, pero lleva razón. Atasco discreto en la entrada a la avenida de Carlos Haya. Hora punta. Pero llegamos bien. Justos pero bien. *On time*, dicen los guiris. Sobre la campana. No hago más que sentarme en la sala cuando ya oigo por megafonía: «251, agua». Saludo a Adela, mi compañera, que lleva diez minutos esperando. Estamos los dos solos en la sala, y comienzo a beber. Beberse medio litro de agua en diez minutos y sin haber desayunado es tela de coñazo. «252, pase». Y entra Adela, antes que yo porque ha llegado antes. En diez minutos me tocará a mí. A beber se ha dicho. La Peque, a mi lado, leyendo en su *ebook*.

—¿Estás nervioso?

—Ni mijita. Más contento que unas pascuas.

—Ese es mi Sema.

Van llegando otras personas. No son de mi turno, no son de mi cuadrilla, pero las reconozco de otros días, de cuando he llegado antes de la cuenta. Me saludan.

—¿Qué hace aquí tan temprano?

—Es mi último día y me han citado a esta hora.

—Es verdad, que la máquina dos cierra hoy.

Y departo con ellos como si fuesen de los míos.

—Macho —me cuchichea mi mujer—, eres el puto amo. Parece que mangoneas todo esto.

—La experiencia es un grado. —Y nos reímos.

La sesión de hoy ha sido, si cabe, más corta de lo esperado. En un plis plas me han despachado. Me despido de todas las auxiliares y enfermeras con mil agradecimientos por el trato recibido. Me desean toda la suerte. Y abandono, radiante —nunca mejor dicho—, la sala de máquinas, el acelerador lineal de partículas, el horno radioactivo, el quemapróstatas y quemaculos. No he podido disfrutar de la sonora y emotiva despedida habitual porque no estaba mi gente, pero da igual. Me ha esperado Adela, nos hemos dado un abrazo. Y suerte para todos. Echo de menos a Juan José y a Manolo, pero la cosa ha venido así, qué le vamos a hacer...

Mi señora esposa y yo, luego, nos hemos ido a desayunar —¡por fin, hoy sí!— a la cafetería Oña nuestros churros con chocolate y mi pedazo de bizcocho de zanahoria. Y a freír espárragos la próstata puñetera.

Me despido del gorrilla: «Ea, gracias a Dios, ya hemos terminado. No me esperes mañana». Nos reímos. Se le espantan sus ojillos achinados cuando le alargo un billete de cinco euros. «Esto *pa* compensar los días que te he dado de menos». «Se agradece mucho, que Dios lo bendiga a usted... y a la compaña».

Todo el camino de vuelta hablando con mi mujer de lo mismo: la distancia tan enorme entre este gorrilla o cualquier otro desarrapado y Amancio Ortega, que dejamos bien trajeado capítulos atrás. Personas con la dignidad de tales, pero tan distintas en valía, en talento, en imagen, en poder. En definitiva, en dinero. Da que pensar. Ni quiero ni es posible la igualdad, ni siquiera deseable. En biología y en sociedad, la diversidad es riqueza. No podemos ser iguales. La iniciativa, el talento, el valor, el coraje, la bondad, el empuje… son valores muy repartidos, como los distintos genes. Es lo que hay. Pero un poquito menos de distancia sí que sería deseable.

¿Acaso si Amancio Ortega fuese menos millonario acabaría con la pobreza de este gorrilla? No lo sé, pero tendríamos más estética en el mundo, se vería un mundo un pelín más equilibrado. Es más, yo no deseo tanto que los multimillonarios sean menos ricos como que los pobres sean menos pobres. Entre un magnate de las finanzas y un pobre de solemnidad no existe tanta distancia en talento como la hay en poder económico. Eso creo. Y podría tener arreglo. Si Amancio Ortega emplease parte de sus ganancias en contratar a más personal y en repartir dividendos también entre sus empleados y, como él, cualquiera de los muchos grandes magnates del dinero, se podrían conseguir algunos retos importantes, como son el bienestar del trabajador, la disminución en las tasas de paro, el incremento de las cotizaciones, el aumento en el consumo… Cosas todas ellas que redundarían a la postre en un fisco más abrigado y competente para mejorar las ayudas sociales, para conseguir un poquito más de equilibrio. Sin olvidar que también la gente corriente, la gente de a pie, tendríamos que ser más leales con la Hacienda pública. ¡Ah, la utopía! Sí, pero cualquier realidad que hoy disfrutamos hubo un tiempo en que fue solo utopía.

Epílogo

Después de un mes largo de ausencias, he regresado al golf, para probarme. No ha estado mal del todo. Solamente he jugado seis hoyos por no abusar y me he encontrado bien. No he perdido el tacto con la bola, eso es muy importante, sentir la bola, ni el tiento en el *green*. Me he cansado antes, natural. Poco a poco.

Me persigue un grupo de tres hombres. Como manda la cortesía, les he dado paso. Romualdo, asiduo como yo de todos los días, me ha presentado a los otros dos. Y resulta que uno de ellos es médico, nada menos que don José Ramón Carmona, famosísimo cardiólogo aquí en Antequera. Hemos parado el juego y charlado sin parar. Somos de la misma promoción, pero él estudió en Granada; conoce perfectamente a amigos míos, cardiólogos de Valme: Luis Pastor, Juan Beltrán, Rafa Vázquez, Jorge Caparrós, Juan Leal… Luego lo he visto jugar saliendo del hoyo once. No llega a mi nivel, pero lo hace bastante bien. Camina con una cojera manifiesta, a lo Trendelenburg, dando camballadas, por mor de una polio que cogió a los ocho meses, el pobre. Joder, demasiado bien juega con tales limitaciones.

Estoy seguro de que recuperaré muy pronto mi nivel anterior, mi hándicap, se llama. No me preocupa. De lo que no estoy tan seguro es de recuperar mi antiguo vigor. Mi doctora me dijo que en un par de meses… Ya llevo uno y no veo yo mucho adelanto. No sé…

Romualdo es un caso de mención. Me agrada jugar con él. Alguna gente le da de lado, eso es algo que se nota enseguida.

Tiene algo cerebral, no sé, pudiera ser un trastorno de la memoria reciente de origen traumático, y quizá por ello, entretiene mucho el juego, porque confunde su bola con la de los otros o se despista demasiado buscando bolas perdidas o desconoce por qué hoyo vamos. Pero es un encanto de hombre. Sin otra cosa mejor que hacer, cada mañana a las nueve, se planta en la recepción del club como lo hiciera un antiguo jornalero en la plaza del pueblo en espera de ser llamado por algún capataz para trabajar. Hasta que alguien se anima a llevárselo al campo. Él se va con el primero que lo invite. «Hay gente que no quiere jugar conmigo, porque sabe que le gano», me confiesa. Por lo que llevo visto, es el mejor jugador del circuito de Antequera. Yo voy con él de mil amores. Es un fabulador nato, se inventa historias y nunca sabes qué haya de verdad o qué de fábula en las cosas que te cuenta: torneos en los que ha participado, premios ganados, gente famosa conocida… Te cansa, es verdad, tener que contestarle tantas veces a las mismas preguntas, pero es algo de su enfermedad, qué le vamos a hacer. «¿Te acuerdas de cómo me llamo?», le reto cada dos por tres. «Espera», me dice, y saca su cartera del bolsillo de atrás. Rebusca en ella una cuartilla doblada varias veces donde tiene apuntados los nombres de las personas que más frecuenta. «Sí, mira, tú eres José María, el médico». Y lo miro con una mezcla de ternura y de compasión. Tiene mi edad, joder. Que no es un viejo caduco. Y ya quisiera yo alejar la bola con la violencia y dirección que lo hace él. «Es que llevo cuarenta años jugando, hombre», se excusa. Me enseña trucos para sacar la bola de los *bankers* o para imprimirle más fuerza en los *drivers*. Y desinhibido por mor de la enfermedad, me avergüenza delante de otros: «Aquí voy con el médico. Lleva solamente nueve meses en el club y ya juega mucho mejor que todos vosotros». En fin… Solo deseo que pueda seguir muchos años más disfrutando de su *hobby* favorito. Y yo con él.

Toca la revisión con mi doctora. Han pasado dos meses desde que acabara el tratamiento. Voy solo. Es un día inusitadamente frío. Al paso por la ancha Vega, el termómetro del coche marca 4 grados fuera. Y pienso en tantos lunes de invierno en que la Antoñita Villalba —mi novia en ciernes— atravesaba esta misma carretera en el Meari de su padre, envuelta toda ella en una manta para resguardarse del frío gélido que se colaba por todas las rendijas de aquellas puertas de plástico duro, camino del colegio de la Inmaculada. Y yo, en Sevilla, en clase de Historia de la Iglesia, acordándome de ella y pasando olímpicamente de las disertaciones del profesor, don Juan Guillén, acerca de las tribulaciones de san Agustín de Hipona. ¡Bastante que me importaban en lugar de mi Antoñita!

La doctora se interesa por mi estado.

—Estupendamente —le contesto—, ningún síntoma. Me encuentro fenómeno.

Mira mi analítica: el PSA ha bajado de 4 a 1,1.

—¡Vaya! —le digo algo defraudado—. Yo esperaba un PSA de 0.

—No, hombre —me conforma—. Eso tarda al menos tres o cuatro meses. Ten paciencia.

Y ya me da el alta para que siga mis revisiones por mi urólogo de Antequera.

—Pero, doctora —le digo mientras nos despedimos—, lo del pinganillo sigue igual. No he notado mejoría.

—¿De qué pinganillo me hablas, José María?

—¿De cuál va a ser? Pues del de abajo —le contesto, señalándome la portañuela.

Reprime como puede una pequeña carcajada.

—¡Qué hombre, las cosas que tiene!

—No se ría, mujer. Yo esperaba ya algún cambio.

—Ya te arreglará tu urólogo, hombre. Y si no hubiera arreglo, piensa en positivo: tu mujer se alegrará.

¡Vaya consuelo! Y regreso a Antequera contento, pese a todo, al son de una lluvia oscura y tenebrosa, agua nieve, tan esperada. Siendo, desde luego, un palencianero de pura cepa, también me considero ya un antequerano de adopción. Es bonita Antequera, la ciudad del arte, la Florencia andaluza, la ciudad inabarcable a la vista la mires desde donde la mires, la ciudad de las iglesias. «Si todos los antequeranos quisieran oír misa al mismo tiempo, podrían hacerlo». Y me vuelvo a sorprender ante la impresionante mole gris de Las Pedrizas, encapotada de nubes panza de burra que presagian días de más lluvia.

¡Lluvia de agua, de humor, de salud! ¡Lluvia de bondad y de ilusión! Lluvia de esperanza para todos.

Que así sea.

Antequera, diciembre de 2022

Sobre el autor

José María Rivera Cívico nació en Palenciana (Córdoba) en el seno de una familia humilde un mes de noviembre de 1952. Muchacho rústico y mal trabaja en el campo, fue redimido y pulido por el seminario de Hornachuelos, donde ingresó en 1964. Nueve años de vida lega repartidos entre la propia Hornachuelos, Córdoba y Sevilla le dieron una formación académica, espiritual y humanitaria con la que pudo afrontar sin grandes problemas un futuro alejado de las sotanas y las sacristías.

Se hizo médico en la Facultad de Medicina de Córdoba. Se especializó en Medicina Interna en el Hospital Universitario Reina Sofía. Posteriormente, tras un paso breve por el hospital de Pozoblanco, ha desarrollado toda su vida profesional en el hospital de Valme, en Sevilla, hasta su jubilación en el año 2017.

Estando en activo, publicó su primer libro, de tirada muy local, *Historias de mi consulta y otras imprudencias*, donde se nos revela como lo que siempre ha sido: un médico volcado en sus pacientes, pero algo desvergonzado e imprudente. Y ahora, en su relajada jubilación, nos deleita con este otro libro escrito a tumba abierta, sin pudor ni recato alguno, para llenar de optimismo la travesía tediosa y amarga del sendero del cáncer.